U0057232

AQUARIUS

AQUARIUS

AQUARIUS

AQUARIUS

Vision

一些人物，
一些視野，
一些觀點，
與一個全新的遠景！

她們，如此精采

BRAVO！Female Legal Professionists and Their Lives

——8位女性法律人的生命之河

國際婦女法學會中華民國分會・策劃

【推薦序二】
沒有坎坷就不會珍惜平坦

◎洪蘭

女性在法律這個領域一直沒有得到應得的肯定，甚至在以民主自由平等精神立國的美國也是到了一九八一年才有第一個女大法官出現（雷根總統提名Sandra O'Connor為大法官），到現在又過了三十年，女性大法官還是個位數，一隻手就數得完。最近歐巴馬總統提名Elena Kagan為大法官，她是第四位女大法官。很難想像美國建國兩百年來一百一十二名大法官中只有四位是女性，這比例低得令人驚訝。在法律這個領域，女性要出頭天是多麼的不容易。也因為如此，國際婦女法學會（FIDA）中華民國分會竟然可以慶祝二十歲的生日，真是不容易。這是一條蓽路藍縷以啟山林的辛苦路，所以我認為能為這麼多年來對台灣法律界有貢獻的女性法律人立傳，是件很好的事，一方面是表揚，另一方面也是給後人作榜樣。

我很感謝虹霞學妹找我寫推薦文，給我一個機會贖罪，我原是法律人，台大法律系法學組五十八年畢業的，出國後改念實驗心理學，做了逃兵，也辜負了我父親對我的期望和師長們的栽培，所以心中一直不安，現在終於有機會為法律界做點事，覺得很高興。

書中的受訪者好幾位我小時候曾在我乾爹林紀東大法官家中見過，如古登美女士。書中所提到的很多人我也都熟悉，因為我父親也是法律人，民國四十一年和我乾爹一起創辦《軍法專刊》，後來又在民國四十六年自己辦《刑事法雜誌》，一直辦到他過世，所以書中許多教授我小時候在家裡都見過或甚至被抱過，他們後來也是我在台大念書時的老師，看到學姐回憶老師們的點點滴滴覺得很溫馨。

我進台大時系主任是韓忠謨先生，賀德芬是助教，蔡章麟先生教我民法，周治平先生教我刑法，洪應灶先生教我憲法，洪伯母黃瓊玖教授教我英文，學姐們的回憶其實也是我的回憶。我原先讀法律系時是想去德國留學，念了好幾年的德文，但是大四時，上英美法課，教我的老師是桂裕老師的女兒，剛從美國拿到博士回來，她的教法跟原先法律系老師的教法很不一樣，尤其英美法是判例，上課更為有趣，所以就在大四上，臨時決定去報考托福轉去美國留學。在書中看到這幾位學姐因為老師一句話或老師的提拔就改變了人生道路，深感到老師對學生的影響，現在自己是老師，更覺誠惶誠恐，要謹慎小心的教學生才是。

我很喜歡趙公茂院長給曾桂香學姐的打油詩：「脫去法衣換廚袍」，談到職業婦女在家庭與事業之間的掙扎，令我心有戚戚焉。我孩子八歲時，有一天放學回家打電話給我說他肚子很餓，叫我趕快回家煮飯給他吃（一九九二年時，嘉義民雄附近並無7-11，也無任何速食店），我正要收拾書包回家時，一個學生進來哭訴，原來他去當兵，抽到金馬獎，好不容易輪到休假，趕回學校會女朋友時，女友已經兵變了。在這種情況下當然不能走，先坐下來與學生談，在這期間孩子打了三次電話來催，我都跟他說「馬上回家」。等到晚上八點鐘我把學生送出辦公室，跑回家時，孩子告訴我他已不餓了，因為他吃了四顆生雞蛋。這個記憶過了二十年想起來仍然心痛，職業婦女，公事為重，孩子有時就顧不到了。看到這八位女性法律人的孩子每一個都很成材，我想這正是身教，父母親戮力從公，做正當的事時，孩子耳濡目染，一個個也是正直有為的人了。他們可能不像別人一樣，母親有很多的時間陪他們，物質上也可能不及同學們豐裕，但是在精神上，我相信他們是快樂的，因為母親在法院為國家服務、為社會伸張正義。我從孩子們所寫的母親的傳中可以看出他們的驕傲。

虹霞在她的結語中，提到北一女校歌，我四十年不曾唱，真的忘記了很多，但是那句「齊家治國，一肩雙挑」卻使我感動。女性的重要性常被人忽略，但是沒有孟母，何來孟子？英國的實驗發現父親不好，但母親賢良，孩子可以成長為優秀的棟樑，但父親很好，母親不好時，孩子就糟了，一個孩子受母親的影響遠大於父親。母親的影響力是潛移默化，不明顯的，它卻烙在我們神經連接的突觸上頭，變成我們的品格。其實，我們身上都有我們父母親的影子，我們現在又把這價值觀與人生觀傳給了我們的孩子，說實在話，這就是人生。

「齊家治國，一肩雙挑」，女性是一個家的支撐棟樑，守著一家大小的幸福，人生只要挺得過去，苦盡甘會來，瑞士的哲學家Carl Hilty說「人生的幸福不是挫折很少或沒有挫折，而是迎戰挫折贏得最後的勝利」。虹霞在序中說得好，這八位女性法律人的成功都不是空降，而是長期努力經營的結果，人生哪有一片坦途，只有迎接挑戰，經過坎坷之後的平坦路才更為珍貴。這本書可以為將來要進法界的學弟妹指點迷津，在投身入法界，蠟燭兩頭燒時，為自己打打氣。沒有坎坷就不會珍惜平坦」。

從這八位女性法律人身上，我們一再看到做法律人的楷模與典範，她們是台灣社會之光，非常值得我們效法。

【推薦序二】

法律界的金枝玉葉

◎黃虹霞（律師）

曾陳明汝、曾桂香、黃綠星、陳孟瑩、柯芳枝、古登美、陳秀美、劉初枝的故事

曾陳明汝教授是智慧財產法學先驅者，這在法學界是大家都知道的。很多人可能知道她有一個承襲她的衣鉢，傑出法學教授女兒——曾宛如，但是宛如教授口中，令宛如教授不免吃醋的曾陳明汝教授的另一個孩子，則比較不為人知。這個孩子是「國際婦女法學會中華民國分會（FIDA ROC）」，今年正好成年。

二十年前曾陳明汝教授結合台灣法學界婦女數十人，發起設立「國際婦女法學會中華民國分會」，不但使台灣婦女法學界與國際婦女法學界接軌，而且打破法學者，尤其是法官、檢察官與律師間的藩籬，更加入行政界的女性法律人，融女性法律界的法官、檢察官、法學教授、律師及行政官於一爐，增進不同法律工作者彼此間的了解，填補工作差異的嫌隙。

這個學會成員間不談個案，只關注婦女兒童等弱勢議題及相關法案，因此，對司法實務沒有直接的作用，惟誠如王澤鑑教授多年前以訪問學者身分赴英研究回國後，所提

到的劍橋大學的學習模式，師生、前輩後進以共進午餐的直接接觸方式代代相傳。「國際婦女法學會中華民國分會」也是相似的模式，它提供機會，讓我們這些後進有機會與前輩會友共處，耳濡目染下，後輩如我已自前輩處傳習得她們的寶貴人生經驗，因而早有希望前輩會友能將她們非常可貴的人生經驗口述傳給後輩，供後輩借鏡的想法。

在數年前我擔任本會理事長時，原有安排前輩會友演講分享人生經驗的想法，惜時機未成熟，未能付諸實行。這一次因緣俱足，為了慶祝FIDA ROC二十週年，前輩允諾談談自己的人生。新書即將在十月份出版，並預定於十月三十日下午三點假仁愛路福華大飯店舉辦新書發表會，虹霞僅以搭橋人身分，先透露少許新書內容，欲知詳情，就請撥冗光臨新書發表會親睹實況。

本書受訪人全數為法律人，她們不是含著金湯匙出生成長，但因著努力，成為台灣法律界的金枝玉葉（the jewels of law profession）。採訪人（撰寫人）也大部分是法律人，但是本書不是法律書；本書受訪人全數為女性，採訪人（撰寫人）也全數為女性，只有少數男性（如孫森焱先生，賴浩敏先生）插花，寫出他們對於夫人（黃綠星女士，古登美女士）的愛語，但是本書與女權無關。

「媽媽不要上班」，應不僅出現在黃綠星女士與古登美女士的孩子口中，相信是很多職業婦女的子女所共同的話語。趙公茂法官給曾桂香法官的打油詩「稚子飢啼嬌呼娘，脫去法衣換廚衫」勾劃出女法官的媽媽匆忙面相。柯芳枝女士、古登美女士、劉初枝女士的故事，則說出媽媽求取新知與暫時放下孩子的不捨。

事業與家庭間的兩難與兩全，在過去，可能主要是女性的困擾，但是在現在及未來，男性也要面對（如要不要請育嬰假），這本書的受訪人多遭遇職業與家庭間兩全的掙扎，她們如何努力突破困境，可供我們參考，從中更可以獲得「受苦的不是只有我」的安慰。

神仙美眷，夫妻數十年沒有爭執的，確實有，在本書中，讀者可以發現。但是兩個來自不同家庭的人，尤其兩個都是法律人，意見有時不同，是常態，很合理，他們如何解決爭執？本書受訪者曾桂香女士、黃綠星女士、古登美女士部分的真誠告白，她們的處理方式，也值得大家學習。

本書受訪者全數均為事業與家庭兩全的成功案例，但是他們的成功，不是空降，而是長期努力經營的成果；不完全是一片坦途，也是曾經諸多坎坷。在本書之中，「執子之手與子偕老」，不是婚禮上的祝福語，而是她們與老伴的恩愛之情的真實寫照。陳孟瑩女士雖然年輕喪偶，但是她與夫婿的愛沒有流逝，只是轉換；在老伴過世後，曾桂香女士憔悴的身形，陳秀美女士日日為夫獻上一柱香的身影，這三段老夫少妻的真實故事，告訴我們夫妻感情，年齡不是障礙。

本書受訪者中有多位司法界終審法官，她們的故事對照今年七月間發生的高院法官受賄案，其間的差異關鍵，應該可以由曾桂香女士所說的成功祕訣——「專心」一語道破，作為司法官若專情於配偶、專心於裁判，應不至於如此不堪。

受訪者中共有四位學者：曾陳明汝女士令人稱羨的平順的一生，是植基於她活在當下，超乎常人的純真與樂觀、從容、自在；柯芳枝女士視管家如親，應該獲得另類孝行獎，兩人在特殊情境下所表現出的完成專著改版堅持，對後學應該極具啟示；古登美女士既是夫婿筆下的古典及現代美德兼具，部屬學生口中的「現代俠女」、「隱形的翅膀」，對於夫婿來生再續姻緣的答覆「讓我考慮考慮」，更是現代獨立女性的經典話語；劉初枝女士除了女性溫柔面相外，不囿於傳統，勇於突破、改革、劍及履及的實踐精神，尤足感佩。

八位受訪者共同特徵為堅持、認分。堅持是為擇善，而非出於鄉愿；認分則是理性及關愛的抉擇，而非不敢對抗束縛。八位受訪者中，其中半數為北一女中校友，北一女校歌中有一句「齊家治國，一肩雙挑」，是我所想到的她們八位的共同貼切寫照。

這本書不是為女性讀者而寫，更不是為法律人而作，這本書要獻給兩性讀者，法律人與非法律人，給父母看，也給為人子女的所有人看，希望有助於兩性的和諧及社會康祥。

【推薦序三】

典範

◎彭鳳至（國際婦女法學會中華民國分會理事長）

一九三〇到一九五〇年代，台灣經歷了翻天覆地的變化。對於這樣混亂的時代，後人所能期待的，多半是些有待寬容的錯誤。令人驚訝的是，過去半個世紀帶領著台灣法制穩健前行的重要人物中，有幾位女性法律人的身影，她們，就生長於那個時代。

國際婦女法學會（Federacion Internacional De Avocadas, 簡稱FIDA）一九四四年在墨西哥成立，宗旨是提升婦女地位，爭取男女平權。國際婦女法學會中華民國分會，在第一屆理事長曾陳明汝教授的奔走下，於一九九〇年成立，到今年十月，屆滿二十年。躬逢其盛的本屆理監事與我，決定組成籌備委員會，思考如何舉辦「週年慶」。沒想到平常自我感覺良好的各位委員們，在開籌備會議時腦中所浮現的畫面，竟然不是張燈結綵的熱鬧，而是一顆感恩與慚愧的心。

人生有幸，是不斷選擇與決定的過程。身為女性，在我們的社會中，適不適合學法律？要不要做個法律人？做個怎樣的法律人？女性法律人該不該結婚？該不該生小孩？在「男主外、女主內」的「平權」觀念下，如何經營「男主外、女主內外」的人生？應該是大家都面對過的問題。而多少次挫折、沮喪、精疲力盡只差放棄的時候，站在「提升婦女地位，爭取男女平權」標竿之下的幾位女性老師與司法、法務前輩，就成了我們私下學習的對象。她們在環境上遭遇的困難保證不少，而她們傑出的成就與優雅的態度，正好給了我們反省的理由與前進的力量。就這樣，籌備會議無異議通過了，要以介紹生長於一九三〇到一九五〇年代，曾經擔任過本會理事長，或為本會資深會員的女性法律人典範的方式，慶祝成立二十週年。藉此一方面表達我們對老師及前輩們有形無形教誨的推崇與感謝，另一方面，也為FIDA的宗旨，完成可以代表中華民國分會的註腳。

然而在我奉籌備會議之命，電話邀請本書介紹的八位前輩時，她們在交談中所表現的謙辭態度，讓我深深體會到邀請一位自我要求接近完美的女士「出任」典範，對她們所構成的壓力。就算是端出幾位籌備委員們的推崇與感謝，也並不能打動她們寧可船過無痕的決心，最後還是談到對於後輩年輕女性法律人的啟發與責任，她們才再一次，無言的承擔了。目前全國已領律師證的女律師比例約為百分之二十九，女法官約為百分之四十，女法律教師約為百分之二十五，女法制人員約為百分之四十二，這在國際婦女法學領域，應該是難得的成就。謹以此書，向樹立典範的台灣第一輩女性法律人致敬，也希望已加入、將加入女性法律人行列的年輕朋友們，都能透過本書，感受到化解前輩們現身說法的壓力背後，所傳遞出來的鍾愛與祝福。

【推薦序四】

人生經驗的分享與感動

◎鄭石岩

這是一本有生命力、有感情的書。讀這本書，可以分享到八位傑出女性的人生智慧，並能欣賞到她們的毅力和開朗，從而得到許多感動和迴響。

我喜歡讀傳記，而且讀得很多。這是因為研究心理學的關係。閱讀傳記，無論是長篇或小傳，都能獲得啟發，了解主角的心路歷程和奮鬥的精采故事。受到傳記的啟發，我更知道怎麼做心理晤談，並深知教育與人生的義涵。

讀傳記就像聽好友　說人生的經歷和智慧，起先是好奇和了解，繼而得到共鳴和啟發。最後，會融入他們的心靈世界，欣賞他們的堅韌、情義和智慧。閱覽傳記，既可以讀其人，又可以讀其事。可以欣賞其人生事略，更可以做為自己的砥礪。所以，我常建議友人多讀傳記，從中獲得人生的見識和啟發。

這本書收集八位女性法律人的傳記，大部分是訪問記事體；訪問的人有女兒，有學生或同事，都是在親切輕鬆的交談中，以憶往之情，回顧一路走來對理想的堅持，對母性愛心的流露，以及對專業與人生的信念。這幾位傑出的法律人，大抵我都耳熟能詳，因為我常聽妻高秀真對她們的讚歎。此刻，手捧著書稿，讀起來就更親切，更能入味，更是由衷的欣賞。現在，願意把書中人成功的特質，做個歸納與讀者分享：

一、自由度高，主動性強

從人生的歷程來看，人格的自由度越高，適應環境的能力就越好，揮灑的空間也越大。人格自由度就是負責任和主動性。願意主動學習，承擔責任和接受磨練的人，她們累積經驗多，視野較大，智慧和堅持力隨之提升。書中的幾位主角，都具備這個特質，能依自己的理想和抱負，去開展人生。無論在專業、職場、家庭、待人接物上，都有其獨特風格和成就。人生是抄襲不來的，她們都成長在艱苦的年代，能堅持己見，去實現各自的抱負，真令人敬佩欣賞。

如今她們回顧過去，娓娓說出往事的經驗，真有「回看射鵰處，千里暮雲平」的況慨，但射鵰的精湛手采，卻都一一留下典範，啟發後人的心智，去開展豐足意義的人生。

二、卓越的專業成就

人能實現自己的才華，覺得對社會有所貢獻，是人生活得有價值，感受豐足的重要來源。人能體驗到自己生命的意義和價值，是一生中，彌足珍貴的事。

書中的八位主人，都具有這方面的豐收，都能欣然忘我於專業上的奉獻。她們的共同特質是：接納自己、了解自己，並實現其才華。她們各自善用其聰慧的天賦，順著機緣，在人生的不同階段，展露才學和幹練，從而創造專業上的絢爛，卻又保持了素樸和平淡。她們率真地生活，卻更有勇氣擔當重任；做自己的主人，卻謙卑的為人服務。都屬於默默的工作，卻都有著卓越的能力。

在專業上，她們各有專精，在學術、行政、審判和各類法律事務上，各有傑出的成就。靜心分享她們的經驗談，必有許多砥勵和啟發。

特別是年輕的法律人，更值得一讀為快，因為前人走過的足跡，正是自己生涯的參酌。特別是她們所談的倫理和態度，更值得學習。環境固然不斷的變遷，法律見地應運調整，但堅持公平正義和誠摯的真心，卻要傳承和耳提面命。

三、熱心人的襟懷

從字裡行間，更進一步了解，這幾位傑出女士的熱心。她們對社會利益關心、對人權關懷，是用「有能力的愛」去實踐的。她們都有著耿直和擔當，都有著熱心人的開闊襟懷。此外，她們所表現出來的親情和友情，更令人激賞；都經營出幸福的家庭，對待師長、朋友有情有義，她們把事與人分得清楚，把情與理看得明白，然後去做一位熱心人。

這幾位傑出女性，工作負擔都很吃重，但她們待人仁厚熱心，所以維持著與同事和親友的良好情誼，有好的人際互動和支持，這一點使她們都因而健康有神采。

四、價值信念的堅持

每個人都需要一個核心信念。懷抱崇高的價值信念，就像人生有了導航，有了意義。所謂「參透為何，才能迎接任何」，真是至理名言。心懷信念，才有勇氣迎接種種挑戰，有毅力堅持原則和理想。有信念的人穩健，具備好的精神力。

在這本書裡，能看到各個主角們對崇高信念的堅持。她們除了在生活工作上，有其核心價值，對人生也有各自的參透，於是發展出達觀、友愛和渾厚的精神力。她們的生活中，似乎都充滿著希望和寬闊。她們把法律上的人道價值，融化在自己的生命意義上，每天所做的、所生活的，都變得豐富起來。

這是由八位傑出女性法律人，對人生的自述，所編織出來的光采人生。她們用母性的愛，去實現平等的人生；用成熟的人格發展，去實現豐美的生活。有奮鬥的辛苦，有成就的歡喜；有堅持負重的汗水，有感人的種種溫馨。她們所學及致力的專業都是法律，但各自得到不同的成就和美好人生。讀這本書讓我了解女性法律人的擔當，更敬佩她們的行誼與風範。

目錄

曾陳明汝

——半世紀法學生涯，不凡的執著

【本文作者】曾宛如（台大法律學院專任教授）

曾陳明汝

- 台大名譽教授。
- 一九三七年出生於台北縣三峽鎮。
- 國內學歷：畢業於三峽國小／北一女初高中／台大法律系法學組。
- 國外學歷：法國斯特拉斯堡大學法學博士／歐洲法高級研究文憑／德國富萊堡大學研究。
- 國際交流訪問：
  華府喬治城大學訪問學者——ACLS Fellow
  美國國際訪問學者——IVP Program
  哈佛大學訪問學者——國科會獎助
  參加在五大洲輪流舉行之國際婦女法學會雙年會
- 專長：國際私法／商標法／專利法。
- 國科會研究成果：甲等、優等暨傑出獎。
- 嗜好：閱讀、鋼琴、游泳、旅遊等。

楔子

清晨五點半，天色還有點陰暗，十二歲的明汝穿上北一女的制服，風雨無阻，六年如一日，開始以「吃得苦中苦」的心情踏上人生旅途。這是初一導師在週記上給她的安慰與鼓勵，從此伴隨她走過甜酸苦辣的歲月。在那個年代，從三峽通學的族群，都得艱辛地趕搶六人合乘的限量「輕便車」；要不然只好快步走，經過三條狹窄凌空的木板橋到鶯歌轉搭火車到台北。在火車上望著窗外逐漸發白的天際，小明汝的臉上有點沒睡飽的疲累夾雜著求知的喜悅，總會頓然萌生一線曙光般的希望與燦爛願景。

位於遙遠的法國斯特拉斯堡大學，教室裡的暖氣溫暖了從外面酷寒氣候進來的學生。一位嬌小的東方女生此時卻感時間流逝之緩慢。一時無法解開鈕釦的厚外套令她悶熱難耐。終於強忍到上完課，回到修女宿舍，明汝已中暑發高燒了。

那一年，一如往常到某大醫院做健檢。報告出來，緊急通知必須立刻回診，因為胸腔科醫生會診結果，肺部發現腫瘤。已經七十歲的明汝有如泰山崩於前而色不變。除了盡快掛號重做整套斷層掃描外，在等待複診判讀前，明汝仍惦記著，書還沒寫完，於是焚膏繼晷地拚命寫，就怕遲了留下未能付梓的遺憾。所幸虛驚一場，那烏龍陰影原來只是鈣化的痕跡。

老師刮目相看

明汝是我的母親，一個渾然天成的學者。母親出生時，外祖母已經四十餘歲，在欠缺母乳的哺育下，出生後五十天就讓奶媽抱回鄉下的「老厝埔」養育，所以，母親的童年是在鄉下度過的。在鄉下，可以在田野間趕小鴨、在小溪旁玩水，一個自由的小女孩怎肯回到小鎮，就這樣拖拉之間，直到六歲，外祖父才成功地把我媽媽帶回鎮上，就讀三峽國小。外祖父在早晨及黃昏都會親自教育母親學習《三字經》及《四書》、《論語》，可愛的明汝搖頭擺腦的，從小就頗有學問。

時值日據時代，一天到晚躲防空洞、數轟炸機。由於教室被日軍佔領，不得已只好在廟宇臨時上課。課外活動要抓蝸牛以供軍餉，而家中採收的稻米也被日軍徵收。這些都在母親幼小的心靈上烙下無法抹滅的記憶，深感殖民地人民的悲哀。

母親八歲時，二戰結束，日語背景的時間雖然不長，但語言天賦異稟，故母親日語能寫能讀也能說，更甚者，基於留學背景，法語呱呱叫，且英文流暢。套句現今流行用語，我娘是最能與國際接軌的。母親猶記當年在北一女讀書時，高一英文老師程琪小姐和藹可親、氣質優雅，在程老師的啟發下，我娘對英美文學及英文寫作產生濃厚興趣。

高三那年，另一位英文老師以〈Spring〉作文題作為週末之作業，母親如期繳交。

不料數日後，老師一進教室就氣呼呼、冷冰冰地把我母親的作業丟還給她，斥責為copy，並當場要母親於五十分鐘內寫一篇〈Winter〉。五十分鐘後〈Winter〉出來了，老師臉上的冰雪竟然融化了，露出了難得一見的笑容。在老師的鼓勵下，母親參加留美于斌主教獎學金之考試，據說是最後一次高中生畢業出國留考之機會，所以不少大學生蜂擁降格報名。我母親考上了，還保留學籍一年，但終究選擇在台灣繼續升學。

好學，不服輸的性格

退休後，母親做的事更是奇特，寫書法、彈鋼琴、學游泳及聽古典音樂，看盡外國鋼琴家之生平故事。這些行徑與一般人心目中念法律的人很「剛硬」之感覺天差地別，但那其實才是母親的本色，也就是浪漫又愛好文學。咦，這種人為什麼會投入法律的苦海？說來說去都是外祖父造成的。因為外祖父要母親去學法律，娘就糊裡糊塗填了台大法律系法學組為第一志願。也好，不然也不會碰到我爸。

沒想到，浪漫的人還是可以學法律學得很好，這就表示人千萬不要隨意自我設限，用句法律用語，不要任意自我「定性」。到了法國留學，竟然越念越起勁，使得法國老師知道找我母親最簡單的方法就在圖書館。原本法國老師還要她不要修「羅馬法」的課程，但我母親一股不服氣的志氣加上固執的毅力，非給它念起來不可。

其實她第一天已經被震撼教育，因為老師帶他們去圖書館，每人抱一本幾公斤重的《十二銅表法》回去讀。最後四門學科總平均得到二十分之十七分，列為最優（Mention Trés Bien），跌破羅馬法教授的眼鏡，也順利得到了國際私法教授 Jean Marc Bischoff之同意擔任博士論文的指導教授。

從上面的描述看起來，我的媽媽應該是很棒的。但若回首前塵往事，其間辛苦，常令我們聞者動容。在物資缺乏的年代，外匯及出國管制非常嚴格，現在的年輕人恐怕很難理解這種情形。現代人如果資力許可，出國留學也好、遊學也罷，都沒有受到限制。但在民國四、五十年代，事情可沒有這麼容易：通過留學考試才是王道。

在甲板上猛K法文

民國五十一年，考上留法獎學金後，母親帶著一比四十兌換來的一百美金，離鄉背井，踏上留學法國的道路。從台北飛香港再轉搭法國郵輪，經過一個月的顛簸航行抵達馬賽上岸。郵輪上的日子恐怕與讀者所想像的不同，鐵達尼號的豪華與浪漫在現實中並未發生；我母親是在甲板上猛K法文度過的。

到了馬賽，看著擾攘的海港，我母親卻不知道下一步該怎麼走。茫然地跟著其他乘客一起來到火車站。由於船上同艙房的護士有一位華僑來「接船」，聽聞那位華僑說斯特拉斯堡（Strasbourg）有一位吳神父。媽媽買了一張火車夜行票，就獨自北行。

第二天清晨，火車在萊茵河畔的目的地到站。提著行囊，看著陌生的異國環境，明汝吸了一口氣，自忖「沒有根而要生存，就必須有格外的勇氣」。於是，邁開腳步直奔斯特拉斯堡大學獎學金處。承辦的主任很和善地先代為安排大學宿舍的暑期房間，至少先有了落腳之處。隔日突然想起吳神父，明汝開始邊走邊問，果然，真有吳神父，太好了。與吳神父討論後，神父帶著她去找修女宿舍的負責人，詢問有無空房。最後只剩一間對著後院看不到陽光的單人房，既無其他選擇，只好欣然接受，畢竟離校近，三餐有修女打理，著實已然不錯。

強化法文能力乃求生之第一步，所以，我母親先去文學院註冊暑期密集法文課。之後，向上挑戰，修讀DES私法組（Droit privé）。在當時的歐洲，羅馬法及寺院法仍屬必修課程，二者必選其一。對於我們這些台灣人，根本是鴨子聽雷。回想在台大念書時，多少接觸過羅馬法，特別是老師三不五時會撂句羅馬法諺，例如Pater ist es，意為「父親就是他」（這個他，是指母親的先生，也就是婚姻示父，婚生子女推定之意。母親的先生不就是孩子的爸爸嗎？），於是兩害相權取其輕，我母親選了「羅馬法」，這就是前面為什麼老師帶著他們去圖書館抱回《十二銅表法》的原由。《十二銅表法》是用拉丁文寫的，所以大家回到教室要先從拉丁文翻譯成法文。讀者看到這裡，自己先忖度一下，拿著一本希臘文的書把它翻成日文是什麼樣的滋味，就會為我母親一掬同情之淚了。這就是為什麼老師會勸我娘退選羅馬法的原因。但這些老師真的太不進入狀況了，必修不選怎能畢業？媽媽跟很多同學借了筆記，又在圖書館找到英法文版的羅馬法，相信我娘此時心中必定十分竊喜。終於pass了。讀者至此可能會開始高歌台灣「共筆」的可貴，但還是勸大家，自己做的筆記最實在。

進行到這裡，女主角一生中最重要的貴人即將登場：爸爸從德國過來了，來法國同我母親一起讀書。在父親來之前，母親每晚一個人孤零零地從圖書館回宿舍，冰天雪地裡倍感淒涼，只為了博覽群書、遍讀不同版本的判例及著名學者的評釋以進行其博士論文之撰寫。父親來了後，成為精神上最大支柱。

父親原先考上德國政府獎學金負笈富萊堡大學就讀。彼時沒有電話，更遑論網路、skype、MSN等現代即刻熱線你和我的傳情方式，只能寄情於筆墨。父親申請到法國政府半獎學金及庚子賠款之獎助後，終得以順利赴法與母親團聚。他們白天在法學院圖書館，晚上則移師前往附近的國立圖書館，至今母親仍彷彿可以聽到圖書館旁St. Paul及St. Maurice教堂傳來的悠揚鐘聲。

最優的法學博士

法國非常重視教育，學生的福利優渥，連外國學生也同樣受惠。Strasbourg（斯特拉斯堡）是歐洲首府，蓋其為Counal of Europe、European Court of Human Rights及European Parliament之所在，市內則有許多特殊文化及古蹟。暑假期間則有多采多姿的學術活動。母親曾利用暑假參加國際比較法學院課程以聆聽來自各國知名教授之演講。另有一次暑假則註冊文學院，修了三百小時德文密集課程。所以，對母親來說，斯特拉斯堡是她的第二故鄉，太多美好回憶在這裡發生。

終於到了博士論文口試（Soutenance）的時候。口試採取公開發表的方式，除了在教務處公告外，尚須刊登在Alsace地區的日報。口試委員一律穿教授袍，論文防衛者坐在大廳中央面對委員們，周圍座位為來賓席。那一天，法國、希臘、亞洲同學、研究員以及剛從台灣來的法國獎學金生小蘇，還有我父親都在現場聆聽一來一往的問與答。總算打完美好的一仗，榮獲Mention Trés Bien（最優），通過法學博士學位。母親除了感謝上天的眷顧之外，對於教授、同學及修女們的關懷尤其難忘。

法德義比荷盧六個國家在一九五〇年代簽署了煤鋼共同體、羅馬條約及原子能共同體。歐洲共同體法成為顯學。在完成博士學位後，母親申請註冊歐洲高級中心繼續進修。由於動態學習，所以可以搭機去日內瓦參觀各種國際組織，達到旅遊學習的效果（Voyage d'étude），對她而言，這是非常寶貴的學習經驗。

學成歸國，身上僅剩一千元

終於完成所有在歐洲的學業回到台灣。抵達國門時身上僅剩一千元台幣，可以說是從零開始。母親先去外交部工作，再進入政大及中研院工作，最後終於得償所願回到母校台大法律系任教。從此開展母親一輩子研究及教學的志業。

母親研究領域自國際私法開始，此乃承襲其博士專研之領域。之後加入專利商標法的拓荒行列。自一九七四年發表〈商標不正競爭之研究〉一文後，次年又發表〈世所共知標章之保護〉（商標法日後修正之為著名標章）。此篇文章中討論到商標之次要意義、商標近似、知名度以及同類商品之認定等重要課題，對爾後商標法之改革及十六年後制定之公平交易法等均不無助益。

為了對智財權法進行更深入的研究，母親前往美國華府的喬治城大學研究，除了研討課程外，並詳

母親在台大法學院會議室接待外籍教授並彼此交換意見。

細請益位於波多馬克河岸的美國專利商標局的人員，帶回豐富之研究成果及最新資料。這就是我的母親，一個專注於研究，並深以研究為樂趣的學者。

一九八二年暑假，母親應AIT邀請。在IVP計畫下訪問美國七個州。每一站都有專人接應及安排拜會活動。抵達華府機場時，接機的Maisa是耶魯大學畢業的可愛黑膚色女生，她被指定擔任escort陪伴一個月的訪問行程。首先拜會AIT會長，提及台灣的民主與人權問題時，母親依稀記得當時回答：「美國的言論自由，甚至可以批評總統，令人羨慕。但羅馬非一日造成，希望假以時日，我們也能有這麼一天。」曾幾何時，我們的言論自由已經超乎想像，難免有所感慨。前往紐約華爾街訪察反仿冒委員會前，母親已有心理準備。對方一定說台灣仿冒品充斥市場與地攤，但政府卻視若無睹等抱怨。母親也只能盡力解釋站在巨人肩膀上視野比較廣，請其體諒。但仿冒畢竟是事實，抄襲也是不道德，只能答辯台灣已多管齊下加強取締。

在那次訪問中，還去過雙塔世貿大樓（爾今安在？）。由美東南端搭機到北端時，臨時應邀在康州Franklin Pierce Law Center演講台美專利制度之比較。在麻州Boston當專利年會之座上賓時，欣逢打贏老鼠基因專利官司的女專利代理人。重回華府後，又參觀了國會圖書館及CCPA（一九八二年十月併為CAFC）等。離去前猶不忘再去專利商標局參觀並影印資料，最後到柏克萊大學參加座談會，結束一個月的訪問行程，Maisa 一路陪伴到機場，任務圓滿達成。

有所堅持的「陽春」學者

一生中，我母親有數次入仕之機會。古人有云「學而優則仕」，這句話在現今社會中或許不全然正確，但在我母親的年代依然是普遍的現象。然而，對我媽媽來說，研究才是她唯一的興趣，也因此，她做了幾十年的「陽春」學者，婉拒了別人的好意。如今回想，也未曾見過她有後悔之意。

或許我們今天可以靜下心思考，在台灣處處追求「卓越」的今日，學者除了須勤於研究及筆耕外，研討會、計畫、開會等佔據許多時間。當大學裡的研究所一直不斷地擴充規模，每一位老師指導學生的負擔更重了，大家是否還能一如我母親那樣沈浸在自己研究的樂趣中；而於外賓來訪時，卻又能從容不迫以自己研究成果與其交流；且因彼時學生人數尚未通膨，而得與研究生之間建立深厚之互動及情誼呢？當人類資訊日益發達的今日，我們的人文素養是否真的等量提升？這一切一切的繁忙，價值何在？

壯年如我，往往在旅行過後的三個月，對於去過哪些景點，記憶常開始模糊。但我那可怕的母親，卻能在多年後將旅行第一天到第二十八天去過的地方，包括城市、山川、教堂等一字不漏的再描述一次。此際我便開始發暈，心想，我是否得了「青年」癡呆症，為何一個七十三歲的「老人」記憶贏過小她三十歲的女兒，虧我還常常自誇天縱英明，可見上帝造人之不公。

舉例說明，我母親說她去南半球之遊記如下（摘要）：

「二〇〇七年底安排三十一日環遊與國際私法有很深淵源的南美洲。一半是郵輪的cruise，一半則是陸空的land tour。從台北經洛杉磯到祕魯首都利馬（第一次國際私法國際會議即於一八七七年在此舉行）轉機到智利首府，具有古都情調的聖地牙哥，再趨車到Valparaiso外港開始兩週的海上巡遊。沿著綿長海岸，欣賞終年積雪的安地斯山。美麗的峽灣，繞行麥哲倫海峽；參觀火地島Ushuaia世界終端火車（The end of the world train）。到福克蘭群島憑弔英阿戰場；在合恩角海岬（Cape Horn）探索南太平洋與大西洋匯流的奇景。這一切儼然就是活生生的世界史地與文化。

家母在講述這些遊記時，並未拿出任何旅遊手冊，而是將其腦袋中之所見所聞描繪下來。

來到烏拉圭首都Montevideo，是第二次國際私法會議舉行地（一八八八—一八八九）。市容古色古香，氣候宜人，住居環境幽美。沒有天然災害，不動產及物價又便宜，難怪許多外交人員都眷戀久留。曾經有多次智財權爭議問題在烏拉圭回合談判達成協議。如今身臨其境總算體會到，國際會議在此地召開之所以然來。Infinity號郵輪繼續開往巡海最後一站，即美麗海港Buenos Aires（布宜諾斯艾利斯）。

晚間在大型劇院有精采之鋼琴獨奏，曲目有貓劇主題曲〈Memory〉及莫札特的土耳其進行曲〈Turkish March〉。台上掛著很大的螢幕，讓觀眾可以清楚的看到演奏者在琴鍵上彈奏揮舞的身影。這二曲都學過也很喜歡彈，卻登不上大雅之堂。小巫見大巫，總算大開眼界。上海夢〈Shanghai Dream〉是分四幕的壓軸曲。這位華裔鋼琴家Tien Jiang，自幼離開上海，與父母移民美國定居紐約，是位很有天分的作曲家，他自編自彈，將鄉愁寄情於音韻裡，讓人聽得如癡如醉，餘音繞樑。

融合西班牙及英法德義等國民族的阿根廷，擁有雄偉廣闊的國際大都會。參觀國標舞探戈文化絕不能錯過。整條Tango街景就是繽紛的藝術創作。晚上欣賞了變萬化的舞者表演，更是極盡聲光之能事，還不斷演繹淒美的際遇及軼事。接下來開始半個月的陸地行程。先搭短程火車到邊境，從阿根廷看世界三大瀑布之一的伊瓜蘇（Iguazu

Falls）；再驅車前往巴西邊界觀賞更為廣闊的瀑布群及水霸，令人目不暇給。

漫步在如夢似幻的森林裡，聽那潺潺溪流聲，忽而又是傾盆如洩洪而下的隆隆浪濤聲，盡情吸取朦朧煙霧瀰漫中的清新芬多精。傍著夕陽與晚霞輝映，細心踩在深谷上的橋墩，俯瞰日落前的一道溫柔彩虹，享受身心靈的洗滌與寧靜。盡興的回到面對瀑布的Villa，品嚐鄉村菜餚，有如置身於人間仙境裡，渾然忘我。

次日一大早參觀完植物園裡的巴西咖啡豆、野薑花等無法勝數的各種樹木花草與鳥類後，搭上遊覽車進入南美洲的金磚國，探索其農漁礦業發展之潛力。尤其是石油產量傲視全球，成為中南美洲之宗主國實不為過。到達里約熱內盧（Rio De Janeiro），地標「麵包山」立刻映入眼簾。它與美麗海港（口），River of January，都訴說著巴西的歷史與故事。基督山上的基督像已被列為世界的第「八」奇景，且常與足球國手比利相提並論。同樣是巴西之光，巴西的驕傲。

之後的行程是由大西洋跨越到南太平洋，並由利馬海平面飛上海拔四千多公尺的Cusco機場，再到祕魯亞馬遜河深入叢林過兩天原始生活。這是很刺激的冒險，也是體能的考驗。比我們年長三歲的一對夫婦，到此開始打退堂鼓先回洛杉磯。另有比我們年輕二十歲的團員，一下飛機就因高山症，差點喪失心肺功能，好在及時供給氧氣而獲救，但卻無法繼續最精采的Machu Picchu之旅，不無遺憾。年過古稀的我們居然能夠上山下海，並從冰天雪地到熱帶雨林，且一天之內奔波十八小時，經歷時差及四季氣溫的變化，如此般通過各式各樣的挑戰，誠值驕傲與欣慰。」

引用我母親的遊記到此先告一段落。事實上從小我們全家就經常出遊。小時候最不懂的是，為什麼每到一個地方，媽媽就吵著要去參觀當地著名的大學。當我成家後，又開始工作，漸漸無法再與父母同遊。但他們絲毫不減遊興，越玩越「瘋」，不但去了南美洲，又跑去以色列、黎巴嫩及約旦等國家。

以前每次出遊，我們都是奉行「老人團」的走法，早上九點出門，下午還抽空睡個覺再出去玩，現在他們竟然可以顛簸十八小時，著實令我驚訝。而每次出遊歸來，媽媽都要分幾次將其遊記慢慢說書給我聽。然而不肖的我，聽完後不久又全部忘光，辜負了娘一番心意。

忍耐「碎碎唸」老公的賢慧妻子

看著我父母，有時我都覺得很好笑，這個世界真是講究緣分啊。我也得出一個心得，越愛操心的人往往比較「雜唸」。在我們家，這個操心的角色是我爸爸。父親看一件事的同時就會聯想到以後可能發生的十件事，所以他永遠覺得我媽跟我思慮不周，十分令他「擔心」。

爸爸老是強調做人要為別人著想，所以他永遠是我們的「司機」，而且一定是door to door。把我們送到店門後，他再去停車（插一句話，我先生永遠要我跟他一起去停車，另一種堅持）。我母親有時就抗議，因為她想要走路散步，但我父親仍然自我堅持。正因如此，母親不太會跟父親爭執。

母親是我心目中柔軟的角色，每天幫我鋪被，幫我們削好水果。耳濡目染下，我結婚後也會把被子鋪好，把水果削好，這點深得外子欣賞。寫到這裡，如果這篇文章被認識我的人看到，一定嗤之以鼻，認為我瞎說，這就表示我隱藏得很好，非常謙虛。

回想當年在歐洲的日子，父親常提起在歐洲不是吃麵包就是馬鈴薯，有時用Maggie醬泡開水就是一杯美味的熱湯。由於台灣方面家境困難，父親每每利用暑期打工，加上省吃儉用存下來的獎學金便可寄回給祖母。在這種生活下，每次經過租屋對面一家烘焙坊時，僅能買麵包，旁邊香噴噴的糕點，卻只能看而未敢也未曾嚐過。在日以繼夜加倍忙於上課寫論文之際，倒也隨遇而安。說到這些心酸的故事，父親常說「人生不如意事十常八九，可對人言無二三」，此時母親總靜靜的坐在一旁，因為那是他們共同走過的日子，有著快樂且心酸的往事。

相識於台大，母親的回憶是大一時校園廣闊，又沒有固定座位，在普通教室、文學院、農學院及運動場跑來跑去，根本是劉姥姥進大觀園。大二回到法學院區，幽雅又溫馨。梅仲協老師清楚宏亮的嗓音使同學無法打盹，而他那本厚厚的民法要義內有德、法、英加以對照之法律專門用語，讓母親一直以之為參考書及法學字典，也引發了對字斟句酌、法條精湛之拿破崙法典的嚮往。此外，韓忠謨老師的英美刑法對母親也深有啟發。我估計家父家母之所以滋生愛苗，應該是在法學院而非校本部。

印象最深的是，在我讀大學的時候，母親突然被驗出有肝炎，指數大幅飆高。父親真的很憂慮，母親雖然也擔心，但因為本身性格認命，倒是尚能泰然自處。此時，除了求治西醫外，父親也問遍中醫。猶記得父親每日都為母親煎藥，一心一意希望母親趕快好轉，當時才深深感受到父母間那份情深義重。總算後來母親回復健康，父親也鬆了一口氣。何謂執子之手與子偕老，我想他們已經做了最佳示範。

告別法學，擁抱年少興趣

我母親常說我是她得意的小學妹，從北一女到台大法律系法學組，我都是她的學妹。現在我也在台大法律系任教，故與母親走過很多相同的道路。為了我這個小學妹有機會申請台大教職，母親提早退休，也因此，我一路走來，格外戰戰兢兢，至今表現尚合期待，應該不會壞了母親的名聲。

我們一家三口其實也有很複雜的遭遇。大學各系所多少有不成文的習慣法，例如具有特定法律上或事實上之親屬關係時，像是夫妻、父母子女，甚至於姐夫小舅子，為了避免循私偏袒影響系務決策，不許在同一系所服務。當年母親有意來台大教書時，父親便毅然退還台大聘書，即在避免夫妻間之糾葛。今日從公司治理之角度設想，雖然我們必須犧牲，但我們肯定這個價值。母親退休後，過著退而不休的生活。前幾年還忙於著述及更新其著作以做個良心的交代，但未在任何其他學校教書，而是完全回到家人的世界。在陸續更新完著作，並覓得未來得以續版之學者後，正式告別嚴肅的法學：是追求長期以來深藏在心中那份遺憾的時候了。

小時候我曾學過鋼琴，但未產生濃厚興趣，高中時陸續練了一陣子，還是不了了之。但我們家卻有兩台鋼琴，因為真正想學的人是我母親。在退休前，母親已開始上鋼琴課，但因研究工作太忙，也是斷斷續續。直到退休後她終於當了好學生，勤奮的學了好幾年。這個心願早萌芽於北一女時，當年看到風琴或鋼琴，母親就會去碰觸，但因通學關係，時空皆不容許，而深感失落。

同樣的，母親也好想學游泳，也一直無法如願。退休後終於可以一償所願。記得我以前為了通過北一女的游泳課，上了幾次課，最後還是靠閉氣才過關。但是母親以六十幾歲的年紀竟然自己看書學會，而且在水深一米九的地方還怡然自得。有一年我們去美國時，陳伯伯帶著他女兒Patty跟我們全家去遊樂場玩。有三百六十度的雲霄飛車，也有離心力的飛車等刺激遊戲，此時我父親跟我選擇坐在路旁「景仰」我母親跟Patty上去玩並充滿祝福。

車子回來後，我問媽媽：「會不會很可怕？」她輕描

我與母親在他們當年留學的斯特拉斯堡大學前。

淡寫的說也沒什麼，倒是車子上面吊著軌道的離心力遊戲因為有經過水面，所以有一種「心涼脾透開」的感覺（意思是非常舒服）。Patty則接著說Aunty is the most brave mother I have ever seen.，聽得我臉上三條線，我當時真的只有一個心得，我媽媽真的很「憨膽」。

除了鋼琴及游泳，文學也是母親的最愛。她曾說過，若當年大學志願不是填台大法律而是填外國文學，也許她今天會是個作家或文豪，只是最終仍與法學廝混了五十年。這五十年的堅持有一部分也是要歸功我父親。家父思緒敏銳而獨特，不喜歡人云亦云，其與母親間之相互扶持，使母親更有動力在法學研究上堅持。但我的外子是學機械的，在電子公司上班，我們彼此只能「互補不足」，而無法「相互砥礪」，到底是好還是壞，有時我也難以分辨。讀者們也可以自行思索，與配偶在同一行業究竟如何。我想一定沒有結論，不然就不會有如此多元而富變化的社會了。

幾年前，父母與鄰居教授伉儷一起搭郵輪繞行義大利、西班牙及突尼西亞等地中海諸國。到達西西里島對岸，即法國南端Malta（馬爾他）島時，家母感到特別熟悉與親切，她這樣描述：

「原來學生時代，國際私法上定性理論最古老的案例，就曾讀過英屬Malta籍夫妻結婚時在該島設有仕所，後移居法屬Alger。夫在此購買不動產，嗣於該地死亡，其生存配偶究應依繼承或依夫妻財產制之法律關係請求分配，首須解決選法之先決問題。能在此緬懷印證，頗獲心靈上的滿足。當參觀該島具有七千多年之遺跡時，更是興奮異常，居然比埃及羅馬中國等更為長久，簡直不可思議。」

看起來，母親雖告別法學，但以往之所學已然心繫，看到任何有關的人、時、地、物仍不免深有所感。

FIDA／ROC-Taiwan（國際婦女法學會中華民國分會）創立

「三十五年前因緣際會，明汝第一次參加在漢堡舉行的國際婦女法學會FIDA（International Federation of Women Lawyers）雙年會。後來又陸陸續續到五大洲開會。二十年前，由於感受到對富有聲譽、具六十年悠久歷史、擁有七十八個會員國且為聯合國NGO諮詢機構的FIDA應負起承先啟後的使命而創設台灣分會，俾使國內法律專業菁英能在國際舞台上發揮所長。承蒙學姐妹們在重要崗位上，不辭辛勞撥冗鼎力支持與付出，才有十年成長與二十年茁壯的豐碩成果，由衷敬佩與感銘不已。」

一九九二年，國際婦女法學會中華民國分會第一次以團體會員名義參加在巴哈馬Nassau舉行之雙年會，並第一次行使雙投票權（Taiwan two votes）。身為創會會長的母親當選為理事時，與其他理事宣誓就職。

這是我母親對FIDA的感情，也是對FIDA眾多在國內各法學領域均執牛耳之會員的感謝。

母親一輩子淡泊名利，FIDA應該是她最認真催生的組織，就像她另一個孩子。今天這本書的八位主角就是FIDA中年紀較長的八位，往後還會有一本又一本為現在中生代這一群傑出女性法律工作者說傳，十年復十年，代代相傳，綿延不斷。

【本文作者】曾宛如

台大法學士及法學碩士、哈佛大學法學碩士、倫敦大學法學博士。司法官特考及律師高考及格。現任台大法律學院專任教授。

曾桂香

——鍾情審判、專注一生

【本文作者】**李貞德**（中央研究院歷史語言研究所研究員）

曾桂香

・國立台灣大學法學院法律系畢業，司法官訓練所第四期結業。
・從事司法工作四十餘年，民國九十三年十月由最高法院法官兼庭長退休。

楔子

我寫母親曾桂香女士，這並不是第一次。高中時，為了磨練文筆，也為了母親節獻禮，以習作投稿，題為〈黑袍與圍裙〉，描述母親白天開庭、傍晚燒飯、半夜寫判決，馬不停蹄、日復一日的辛勞。強說愁的年紀，文筆稚嫩，刊登在學生報章前，還經主編刪修，篇幅更顯短小。然而，那區區一千字的文章，或許真道出了女法官生活的部分實情，以至於三十多年後的今日，母親的同事好友仍津津樂道。

六年前，母親服務司法界將近半個世紀，經過幾番掙扎與考慮，決定不辦理優遇而選擇退休。七十歲生日的榮退晚宴上，我挑了七十張照片，製作成「有力觀點檔」（powerpoint），唱作俱佳地介紹母親的公私生涯。

據說，當晚我的表現，詼諧有餘，莊重不足，且有部分「史實錯誤」。因此，之後一年，母親針對每張入選的照片，寫下人、事、地、時、物等相關資料，囑咐我搭配其他文獻，編印成冊，既可致贈親友，也能藏為家寶。不過，這本同樣題為《黑袍與圍裙》的小書，以照片為主，文字不多，難以道盡母親公職人生的背景脈絡。

這次，國際婦女法學會（FIDA）中華民國分會成立二十週年，籌劃專書，介紹歷任理事長，以示慶祝。母親曾在一九九二至一九九四年出任第二屆理事長，領導群英，推動會務，而我有幸受邀撰稿，便想藉此做點口述歷史，透過母親回顧往事，一窺數十年來台灣女性司法人員的點滴甘苦。

小跟班的麻油雞腿

母親一九三四年的重陽節在台北出生，外公曾金木，日治時期曾仕輕便車站長，外婆曾陳玉柳，原是蘆洲役場的公設產婆，後來到台北執業，一直工作到光復初期。母親排行第十，是家中的么女，記得我小的時候，母親常自稱：「因為出生就是老十，所以一輩子都很老實！」她原名桂子，後來更名桂香，但老家的親友不改舊慣，仍以乳名相喚。

我幼年時應門答客，不知Keiko是誰，一臉茫然，幾經詢問，終於學會了生平第一個日語詞彙。不過，母親以她的新名字為榮，說高中國文老師曾在班上為她創作謎語：「堆土樹旁，開花芬芳，猜一同學名！」

提到童年，母親充滿愉快的回憶。由於外婆四十歲才生她，特別寵愛，即使出勤看產，也常帶在身邊。在那個「生過雞酒香，生不過四塊板」的時代，受過現代醫學洗禮的新式產婆，備受尊敬，除了微薄的規費之外，產家多會在產後三日回診之時，邀請產婆同享麻油雞。而小跟班的母親，總是乖巧靜候，期待一切平安，等著外婆將雞腿給她，讓她大快朵頤！隨著年齡增長，我重複聽著這些故事，不免懷疑地問：「每次都有麻油雞腿嗎？沒有產後病變，悲劇收場的嗎？」母親側著頭、嘟起嘴，想了想，說：「不記得耶！我的印象中都是好事！」

其實，除了老實之說和雞腿記憶，我自幼最常聽母親講起的，就是「比上不足，比下有餘，知足常樂」之類的老生常談。她的書桌玻璃墊下，長年壓著一張字條，以輕淺的筆觸寫著：「涵養怒中氣，提防順口言，留心忙裡錯，愛惜有時錢。」或許，正是這些平凡而傳統的觀念，形塑了她的性格，使她可以堅持數十年忙碌而清儉的司法官生活。

身為么女，母親得到家中兩親和兄長特別多的關注。在傳統避孕和節育效果不彰的年代，女性從初經到停經，大多處在懷孕、分娩、哺乳，而後又懷孕的循環之中，每隔三年一產，三十年左右的育齡期間，動輒生下十個八個，不足為奇。

生養眾多，卻未必都照顧得來，外婆也不例外。即使以她產婆的知識和收入，仍有兩個女兒出為童養媳，其中一人因下痢而早夭。年紀最小的母親，幼兒時期身體並不硬朗，少年時期則因勤奮讀書，夜以繼日，更加瘦弱。外婆疼惜么女，經常半夜熬湯，陪讀加滋補，經年累月。在我進入青春期，母親幫我燉四物雞湯的年代，想起童年往事，常忍不住哽咽地說：「我懷念我的媽媽！」

恩師的推薦信

外婆的慈愛，培養了母親溫良恭儉讓的風格，而她求取新知、工作自主的榜

樣，則鼓勵了母親追求獨當一面的職業生涯。母親名列前茅，小學未畢業，就越級考
上初中，進入當時台灣人嚮往的二女中就讀，三年後直升高中部，一九五二年考進台
大。在法律系的四年中，向諸位法學權威學習，其中最感獲益的，是林紀東教授的
課。據說林老師教學嚴格，一絲不苟，一回鐘響，老師已經站上講台，有位同學才匆
匆趕到，老師見狀，嚴加斥責，將那位同學逐出教室，並發表訓詞，勸誡大家應該在
鐘響前入座，才能安靜準備學習，展現尊師重道之心。

這個故事，我從小到大不知聽過幾回，後來我教書，也養成了鐘響即開講的習
慣，遇到學生問起，我便轉述這半世紀之前發生在母親課堂中的故事。學生聽了，有
人點頭稱是，也有人不以為然，卻都對師生關係和課堂風格的今昔之別，印象深刻。

母親因為林教授的課而獲得啟蒙，希望深入
探討，在大四撰寫學位論文時，便懇請林教授指
導。當時，司法行政部為了研擬少年法，成立專案
小組，而林教授擔任召集人，便鼓勵母親研究相關
課題。一年之間，林教授既提供參考資料，又仔細
修改文稿，母親往返受教，循序鑽研，不但完成了

就讀台大法律系時的模樣。

〈少年犯罪之刑事對策——感化教育與保護觀察〉一文，順利畢業，也對司法工作越發憧憬，懷抱極大的興趣。

由夏入秋，已經考上書記官，派在基隆地方法院任職的母親，希望更上層樓，於是再次叩謁師門，求教精進之道。那次拜訪，林教授剛好出門在外，沒能碰上，未料不久，母親就收到了老師手書一札，並且附有「函一件、片一張」，交代母親拿著去見司法行政部的周冶平主任祕書，推薦她調司法行政部刑事司辦事，從事少年法相關資料的翻譯與編撰。母親獲得這個大好的機會，浸淫在法學與實務相輔相成的環境之中。為了不辱師名，更加勤奮，終於在一九五九年六月入司法官訓練所司法官班受訓，一年半後結業，派到台中地方法院，開始了一生鍾愛的司法工作。四十多年的公職生涯，從恩師附了名片的推薦信展開契機，母親念念不忘，常說林教授是她一生的貴人。

嫁給外省人

林紀東教授對母親意義重大，是母親婚禮上唯一邀請的師長。那年，母親大四，正趕著寫論文，剛滿六十歲的外婆，卻因臥病在床時，一口痰咳不上來，溘然長逝。今天台灣女性平均餘命八十二歲，方才六十的職業婦女，正可擺脫家累，在事業上做最後衝刺。但在五十多年前，頻繁產育的女性，加上半輩子的操勞，一甲子的歲月，確實令人感到年老力衰。

當時台灣人頗有古風，兩親歸西，子女三年內不得嫁娶，但習俗上有一變通的辦法，倘若在百日內完婚，則不為過。二十二歲的母親，和父親已經交往三年，剛剛訂婚，送過喜餅，於是獲得兄長的首肯，懷著悲傷的心情，舉行了婚禮。其實，所謂獲得兄長的首肯，並不僅僅是為了百日成婚，不等三年，也包括了尋求娘家親友的支持，放心讓她嫁給一個年長十一歲、離鄉背井的外省人。

父親李達中老師，祖籍河北大興，一九二三年生於福建長樂，一九四六年以教育行政人員的身分，隨福建省訓練團來台，負責籌備圖書館。訓練團解散之後，在育達商職覓得國文教席，晚上則在城中補習班教英文。當時這類補習班，因應局勢，也教台灣民眾說國語，母親為了減輕家中負擔，自籌學費，大一暑假時，前往應徵，現學現賣ㄅㄆㄇㄈ。一日，經過某間教室，授課的男老師言談風趣，門外的母親也被逗得呵呵笑，引起男老師的注意，從此展開熱烈追求，這是我們家傳版的一笑姻緣！

母親常感嘆，姻緣天注定，說她當年青春正茂，大學校園，才子傾心。而且她看到報紙徵人廣告時，已是截止當天的最後幾個小時，想不到及時趕上，獲得錄取，還在補習班認識了牽手一輩子的良人。不過，父親有他的說法：母親暑假剛從澎湖軍訓回來，曬得黑黝黝的，加上身材高，一看，就是很健康的樣子！而且她念法律，更好！原來，我的曾祖父，清末時曾任建陽縣令，祖父卻因愛好詩畫、不喜世道，法政學堂畢業後，便歸隱山林，不肯出任公職。父親盤算：「倘若能討到一個法律系的高材生，將來就可以家道中興囉！」父親講得興高采烈，一臉得意，我們卻笑他是老男人誘騙小女生！

話雖如此，父母親的交往，並非一帆風順，兄長親友對這個來路不明的外省人甚不放心，警告母親：「小心他哪天把妳帶去大陸，妳就回不了家了！」還好，母親年輕愛才，情意堅定，父親則索性搬到母親娘家附近租屋居住，隨時候教，以示誠意。三年之後，就在外婆不幸離世前，父親翻譯的英文著作剛好出版，獲得優渥稿酬，才能在短時間之內籌辦婚事、租屋迎娶。而這位福建來的國文老師，在往後的數十年中，一本戀愛時的模式，隨著妻子輪調遷轉，四處奔波。

右手寫判決，左腳踢搖籃

一九六一年一月，母親自司法官訓練所司法官班第四期結業，在同屆一百多人中獲得甲等第四名，依照成績分發，派任台中地方法院候補推事。「推事」之名，頗有古意，推斷事理、進行裁判，很能傳達法官的工作性質。不過，旁人聽了，不明就裡，還以為是推託了事呢！因此後來就直接改稱法官了。

除了推事，司法官訓練所的結業生，也會分發到各地方法院檢察單位，擔任檢察官，負起偵查犯罪的責任。今天，司法官訓練所隸屬於法務部，當年，則屬於它的前身：司法行政部。母親結業分發前，收到部長鄭彥棻給每個人的一封信，說明派任原則，以及一年後將綜合評量調遷機會。

鄭部長，我們小時候稱他鄭公公，是母親法律系同學鄭雪玫的父親，在司法行政部部長任內，推動一系列的政策改革。首先，為了打破司法界傳統「重推輕檢」的觀念，培養偵查和審判都在行的司法官，推行「推檢互調」。其次，為了鼓舞士氣，提高辦案效率，提出「內外互調」、「地區互調」和「審級交流」等原則，營造人人有希望獲得拔擢的人事環境。最後，為了讓司法官能專心工作，無後顧之憂，在全台各地興建司法新村職人宿舍，供遷轉輪調的人員棲身。

母親提起鄭公公，總是一派欽佩，說曾經有同仁抱怨法官收入微薄，還不如銀行職員，鄭公公聽了，表示：「那麼你辭職，去銀行工作啊！」這個故事，我也是從小聽到大，母親再三引述，頗以清儉為榮。不過她說，其實鄭公公在任內，一直爭取司法官調薪，後來的日子已經好很多了，所謂「比上不足，比下有餘」啊！

一九六一年初，母親往台中赴任時，身孕已重，不久就生下了我，父親趕緊找新工作，不久，申請到台中女中任教。雖然夫妻團聚，但畢竟是新手父母、年輕法官，人生地不熟，忙碌可想而知。誰料台中是福鄉寶地，沒多久，母親又有身了，於是每天清晨，挺著微突的肚子，騎上腳踏車，先送我到附近的托兒所，再繞到市場買菜，然後才回家換裝，趕去法院上班。

母親回憶，那個時候的她，「右手寫判決，左腳踢搖籃」，真可說是夙夜匪懈，矢勤矢勇啊！二十年後，母親在最高法院任職時的趙公茂庭長，送了她一首打油詩：「枵腹從公事非難，天黑猶未製晚餐，稚子飢啼嬌呼娘，脫去法衣換廚衫。」可以說是母親數十年來生活的寫照。

雖然辛苦，母親卻很懷念在台中的那段時光，那兒是她開拓人生、施展抱負的起點。一張黑白照片中，爸媽抱著妹妹和我，坐在府後街宿舍的庭院裡，冬陽斜照，光影反襯，勾起暖洋洋的回憶。不過，我們並沒有在那兒長住。

一九六四年，基於「推檢互調」，母親調任台中地方法院檢察處檢察官。一九六五年，又以「地區互調」，從台中調任基隆地方法院推事。一九六七年，因為辦案績效不錯，以基隆地方法院推事名義調到台灣高等法院辦事。當時，台灣高等法院的院址，就在台北市重慶南路司法大廈內，所以全家又從基隆搬回台北。一九六八年九月，母親的職缺移至台中地方法院推事，但她的人，則仍在高院辦事。幾年之間，我們數度轉學，父親也依依不捨地離開台中女中，先到基隆中學，再申請到師大附中任教。

對當事人而言，每一件案子都是大案子

母親輪調遷轉、戮力從公，終於受到肯定。一九六四年，她經保舉為特優司法人員，也就是所謂「特保」的獎勵，獲頒榮譽獎章，

母親獲選十大傑出女青年，並獲蔣夫人接見。

母親擔任最高法院法官。

總統召見。一九六六年一月司法節接受司法行政部表揚，七月則受曾氏宗親會表揚，一九六七年三月更在鄭部長的推薦下，當選第二屆中華民國十大傑出女青年。一連串的榮譽，父親未嘗缺席，不但陪著母親赴任、受獎，也賦詩填詞，以誌慶賀。在父親為母親所寫的詩中，有這麼幾句：

世變與時亟，中原斯道崩。
倫常安可毀，法紀不容凌。
相期共勛勉，國命在根層。

這種詩句，頗能反映一九六〇年代父母親那一輩讀書人的使命感，而母親從事司法工作，也從不區分大案小案，她說，對當事人而言，都是大案子。偵查必須仔細，審判力求公允。

曾經，有一名農婦，在地主臨溪的田產邊，圍了一小角落，種番薯和菠菜，因而被告竊佔。母親履勘，丈量土地，四釐八毛六絲，證據確鑿，卻小得可憐。於是她費盡唇舌，勸地主和解，讓農婦在番薯和菠菜收成後，歸還土地。母親回憶，當時寒冬，淒風苦雨，從市區坐三輪車轉公路局到鄉下，村民看到女法官，扶老攜幼，來湊熱鬧。現場調查完畢，乘腳踏車到分駐所調解，還沒抵達，髮已濕，襪也破，心裡則惦記著清晨醒來的寶貝女兒。還好一切順利，調解成功，對法官而言，是疏減訟源，對貧農來說，則因微罪不舉，暫時喘一口氣。

另有一次，一名婦人以丈夫通姦為由，請求離婚，但是經過調查，發現她早就得知丈夫不倫，卻未在六個月的有效期限內提出告訴，已經有了默許的事實，不能符合離婚的要件。這名婦人身陷困境，看來無解，令人唏噓。然而，從她的敘述中，母親了解到她的丈夫和人同居，棄家十多年，置她於不顧，令她精神難堪，生活痛苦。於是，母親適當地運用了民事訴訟法上賦予審判長的「闡明權」，終於以丈夫惡意遺棄，判准離婚，解決了這名婦人的問題。

父親上萬言書

母親關心女性福祉，強調女性自主，但也樂於自稱李太太。不論在偵查審判時，還是在參與修法時，母親都重視婦女的權益。不過，在她的人生中卻有一次，靠著人妻的身分度過難關。

前面提到，母親曾以地院推事的名義到高院辦事，這種作法，一方面是調來地院人力，協助高院解決積案，另方面也是預先培訓二審人才。母親人雖在台北工作，但因司法人員迴避本籍的原則，她的職缺或在基隆、或在台中，就是不能調回台北。一九六九年，為了因應「內外互調」政策，高院徵詢母親前往新竹出任地院庭長的意願，她不願家人分居，婉拒調遷，希望能直升高本院，在台北工作。

一九七〇年夏天，我們全家正在墾丁旅行，母親接到電話，說確已調升，但不在台北，而是到台灣高等法院台中分院。經過九年努力，擔任推事、檢察官，幾度在台灣北部和中部往返，終於升任二審法官。從今天我在學術機構的觀察看來，就好像從助理教授升等成副教授，值得恭喜！即使如此，由於迴避本籍，母親仍然無法回到土生土長的台北。

一九七〇年初秋，我們三個孩子再次隨著母親遷居霧峰，但父親好不容易申請到國立高中任教，不願放棄，決定一人留在台北。在沒有高速公路和高鐵的時代，每個週末，父親下課，趕搭火車，轉公路局，從台北來霧峰相會。那是個禮拜六還要上班的年代，我記得總是期待父親在晚餐前出現，或者安排到台中市區看場電影，就是一家人團聚的美好時光了。

這樣的日子，母親覺得辛苦，父親也不容易，兩人想方設法，找不到一條出路。父親再次發揮他的文才，洋洋灑灑地寫了一封長信，用母親的名義，寄給當時的司法行政部王任遠部長，引經據典，評論制度，抗議不公，要求改善。

父親說，迴避本籍，固然是中國自古以來即有的規範，目的在於避免負有審判職權的官員，受到鄉里故舊的關說賄賂，擺脫不了人情包袱，影響裁判品質。但，那是君主專制時代、家族聚居環境下的產物。如今工商業發達，社會流動劇烈，人群結合方式已經不同。加以到了台灣，幅員未廣，聯絡不難，迴避本籍根本不是重點，「端在司法官本身之持守耳！」信末，還提出改進方案、配套措施，頗有古代士人上萬言書的氣勢，真不愧是優秀的國文老師，母親的堅強支持者！

信寄出後，夫妻倆左等右等，誰知王部長並未正面答覆，卻找母親懇談，教她一招：「何不改從夫籍呢？」母親有如當頭棒喝，一時也顧不得女性獨立原則，有效就好，於是將籍貫從台北市改成河北省大興縣，一年之後，就調為台灣高等法院刑庭推事了。而這個不合時宜的制度，經過多方質疑、長期爭議，在將近二十年後，終於完全廢除。

結夥搶劫，唯一死刑

調回台灣高本院刑庭的母親，為了處理交通案件，了解汽車性能、駕駛文化，特別到板橋駕訓班去學開車。四十年前，台灣汽車不多，開車的女人更少，母親取得駕照，一家人都很興奮。不過，她屬於理論派，紙上談兵型，雖然到今天都持有駕照，卻從來沒開過。若說有，就是在我們開車時，擔任「後座駕駛」，口頭指導。

除了學開車，母親在高院的日子，也自費進修外語。那時，她每天晚上先做好五個便當，第二天一早送家人出門後，便趕到徐州路的語言中心上第一堂課，中午搭交通車回司法新村，一面熱便當，一面聽空中英語教室的廣播，飯後，再搭交通車上班。

記得高一時，每天早上八點多，我從北一女光復樓的教室俯瞰，就會看見母親沿著貴陽街走回高院。她穿著旗袍、踏著高跟鞋緩步前進，在陽光下向我揮揮手！現在想起來，那時母親已經年過四十，為了享受學習的樂趣，晚睡早起，令人佩服。

刑事，原是母親入門出道之業，她曾參與少年事件處理法的資料收集，又曾著作《刑法總則概論》一書，但在多年司法經歷之後，心情上卻有漸行漸遠之感。在高院辦刑案時，碰到兩個詐領保險費的案子，一個是父親為女兒投保之後，殺子取財，另一個則是為朋友投保後，將他灌醉放在鐵軌上輾死，再去請領保險金。兩個案子，都證據確鑿，判處死刑。母親說，對於這類案件，她沒有懷疑，也不會猶豫，只是對於人性黑暗之深，感到不可思議。

一九七六那年，她遇到一個結夥搶劫案，三個剛滿十八歲的年輕人，爭強鬥勝，鬧事起鬨，對路旁的婦人下手，共同搶劫了幾百塊錢。那時，台灣還在戒嚴，三個年輕人雖然不是軍人，卻應適用陸海空軍刑法規定，結夥搶劫，唯一死刑。一審判決死刑，被告上訴，二審分案，母親承辦，審理再三，沒有生路。

母親無可奈何，只能維持原判，但心裡想著，或許最高法院會發回，往返辯難，尚有轉圜餘地，不料三審迅速定讞，隨即槍決。在亂世用重典的氛圍下，刑法成了恐嚇與壓制的工具，失去法理法義的彈性，更無學術趣味，令人難受。幾經考慮，母親決定申請改辦民事，再次投入私法領域的研究與裁判。

參與修正民法親屬篇

改辦民事案件的母親，如魚得水，幾個月之後，就升等為簡任推事。當時公務員體系，不採現行的職等制，而是分為數個階層，從最低階的委任，到中階薦任，再到高階的簡任，每一層又有好幾級。法官調升最高法院，必須具有簡任資格，而簡任名額有限，必須排隊，通過者稱為「過竹頭」。母親過了竹頭之後，在一九七九年四月以高等法院推事身分調司法行政部辦事，兼民事司幫辦，也就是民事司的副司長。

將處理審判工作的推事，暫時調到處理行政事務的司法行政部辦公，這種遷轉之所以可能，是因為當時的地方法院和高等法院，也就是一、二審的裁判機構，並不由司法院管轄，而是隸屬於行政院下的司法行政部。這個從民國三十三（一九四四）年就開始的制度，顯示了行政權籠罩在司法權之上。直到一九八〇年七月一日審檢分隸，將負責審判的一、二審回歸司法院，而將行政院下的司法行政部改組為法務部，管理檢察、監所和司法保護等行政事務之後，才算符合憲法精神，司法權和行政權分立。

母親在民事司的那一年，剛好碰上民法親屬篇第一次修正，作為副司長，具有幕僚性質，收集資料，編輯法規，提供修正委員們參考。當時爭議的焦點在於夫妻財產權，由於影響已婚和離婚女性的財產歸屬，討論熱烈。一九八五年修訂完成時，將妻子的「原有財產」範圍擴大，並且刪除了原條文中「不屬於妻之原有財產部分，均屬於夫」的規定。這在當時，已經挑戰了以夫為尊的傳統觀念，但是，基於夫妻一體的思想，仍保留了「聯合財產制」的基本架構。

聯合財產制，將妻子財產的管理、使用、收益和處分等權利歸給丈夫，無法貫徹男女平等、財產獨立的精神。民間婦女團體大力呼籲並推動

訪問華府，並參觀雙橡園。

再修法，十年之後，法務部重起修法之議。這時，母親已經調升最高法院多年，並且擔任民庭庭長，受法務部之邀，出任修正委員。這次討論的議題，除了夫妻財產之外，還包括了再婚限制、夫妻住所、親權行使、離婚監護和子女稱姓等，母親提供專業意見，參與修訂民法，為女性同胞爭取福利。

最高法院的小型行李箱

母親是在一九八〇年審檢分隸時調升最高法院民庭推事的，一九九二年起，派兼庭長，直到二〇〇四年退休。這段期間，曾有幾次機會，或者留任司長，或者外派院長，或者參選大法官，但母親既鍾情於審判工作，喜歡探討法律問題，便一一婉拒。她在最高法院法官任內，平均每個月要審理十八個案件，擔任庭長之後，則要參與庭上至少四位法官超過七十件案子。

每一個案子的卷宗，少則數十頁，多則數百頁，要仔細閱卷，確認案情，斟酌法條，說理分析，做出裁判，上班十個小時也來不及。因此，幾乎所有法官都必須將案子帶回家處理。為了讓法官能將動輒數公斤的卷宗帶回去加班，最高法院還發了小型行李箱，下有滾輪，每天在辦公室和居家之間托運。

民事案件，涉及婚姻財產與親屬關係，可以說和婦女的生活息息相關。曾有一個案子，是一位高齡孕婦，為了確認胎兒沒有問題，依照衛生署的規定，先到醫院照超音波和羊膜穿刺。不料醫院並未聘僱專業醫檢師，而負責的實習醫檢師判斷錯誤，以至於這位高齡產婦懷胎十月之後，生下多重障礙的嬰兒。

產婦提告醫院和檢驗室人員侵權，一審二審皆判醫檢人員不須負責，直到上訴三審，案子到了母親庭上，評議之後，發回更審，要求下級法院根據優生保健法，重新思考這名產婦的權益是否受損。學者研究這個案件，認為最高法院表達了一項重要法律見解，在民事責任的認定上深具意義，那就是，當婦女具備優生保健法規定的要件時，施行人工流產確實是一種權利。

母親既有多年的辦案經驗，自一九八二年起受聘為司法官訓練所講座，開授民事案件實例分析。她和父親不同，不是個善於言詞、滔滔不絕的人，加上工作形塑性格，多年來，養成了謹言慎行的習慣。自幼至今，每當我忍不住要講祕密，就是那種「我告訴你，你不可以告訴別人喔」的事情時，總是說給母親聽，因為我知道這些隱私，將如石沈大海，寂靜無聲。這種性格，使母親在備課時戰戰兢兢，儘管教的是自己的專業，舉的是自己熟悉的案例，她仍然不敢輕忽，總是盡心盡力準備。前後十二年，母親為司訓所貢獻心力，培養未來的司法人才，雖然又增加了工作份量，卻深感榮幸。

參與社團，為女性爭取權益

審判、教學之外，母親也參與各種和女性法律人相關的社會團體，其中之一，便是FIDA。一九九二至一九九四之間，母親擔任第二屆理事長，正是民法親屬編修正期間，法務部來函詢問婦女法學會的意見。母親於是責成FIDA的法規委員會，舉辦研討會，廣泛蒐集法學、司法和律師各界會員的意見，整理函送法務部，表示對於保障婦女權益立法的關注。

一九九四年正值FIDA總會成立五十週年，那年秋天，在巴黎舉行雙年會，主題正是婚姻內外的女性財產權，與國內正在進行的修正運動遙相呼應，母親既是理事長，又是民法親屬編修正委員，便帶隊前往巴黎參加會議，分享台灣在這方面的進展。

FIDA之外，母親也參加一九九五年成立的中華民國女法官協會，在一九九七年接任第二屆理事長。當時，「家庭暴力防治法草案」正在研擬，母親連續舉辦了多次研討會，集思廣益，提出詳實的修正建議，並派員參加草案制訂公聽會。當時，中華民國女法官協會的會員，大多有參加國際大會，和各國女法官相互聯誼，交換資訊的經驗，但對於關係密切的兩岸司法實務，卻因特殊的政治因素，缺乏了解與溝通。

上海和山東女法官協會來訪，眾人在最高法院合影。

母親排除萬難，積極籌劃，在一九九七年底，邀請上海和山東女法官協會的五位女法官來訪，並在台北、台中和高雄各舉辦了一場「兩岸女法官協會司法業務座談會」，首次針對兩岸女法官協會之組織及工作概況、兩岸司法制度、人民間之婚姻、繼承、財產、家庭暴力案件之處理、訴訟文書之送達等問題交換意見。

一九九八年底，中華民國女法官協會受

邀回訪。母親領隊，共八位女法官，實地參訪了上海、山東、北京等地的法院，並以「父母與子女間相關法律問題」舉行座談，了解在兩岸不同的司法體制之下實務運作的情況，找出解決之道。

這次互訪，開啟了兩岸司法官交流的先鋒。一九九八年，內政部評核三千個全國性社團，女法官協會經評鑑為甲等團體，獲頒獎狀並表揚。母親當然力稱這是全體理監事和會員努力的成果，但身為理事長，引以為榮，可想而知。

母親為女性爭取權益，不限於社團活動。她在最高法院擔任庭長期間，出任考績委員，也為同事爭取公平待遇。在產假尚未成為女性特定假期之前，是和其他假別一起計算，考量公務員的年終考績。但母親認為，產假只有女性會請，以之計算出勤，有實質上的性別不平等，主張病假算完後應該先計算事假。

由於母親的發言，當年有一位請產假的錄事才得以順利考績甲等，未因增產報國反而受罰。母親的退休茶會上，這位錄事特地跑來向母親道謝，感激她走在時代之前，為低階女性同仁爭取應有的權益。我們站在一旁聽了，也覺得與有榮焉。

母親與同事相處，總是客氣親切。和庭員評議，則仔細說理，娓娓道來，不會爭得面紅耳赤。母親庭上的一位資深法官曾說，她見同事走進辦公室，一定起立相迎，不會因為自己是庭長便坐著說話。

母親和法官助理也相處愉快，年輕助理結婚或生產，她總是贈禮相賀，母親節時，她會收到助理們的蛋糕，退休後也和大家保持聯繫。鍾情審判，專注一生，在彬彬有禮的環境中工作了將近五十年，六十九歲時，母親陷入應該退休還是優遇的困擾中，開始人生難得的長考與抉擇。

司法官生涯的完美句點

「法官是終身職，不必退休，可以做到死！」鍾情於司法工作的母親，經常自豪地說。我小時聽這話，不明所以，長大讀書，才了解這層憲法保障，有它的歷史脈絡和考量，是為了避免法官遭受人事干擾，影響判決的公正性。不過，在「人生七十古來稀」的傳統社會中，即使「做到死」，可能也還不到一般公務員六十五歲的退休年齡，但在平均壽命逐年提升的現代台灣，若要八、九十歲的老邁法官繼續辦案，卻可能造成新陳代謝遲緩、辦案績效不彰，對裁判者和當事人都不利。因此，當司法改革的大旗揚起時，法官的退場機制就成了討論的焦點，經過了多年的爭議與研修，終於在一九八九年頒佈「司法人員人事條例」，確立了法官年屆七十強制優遇的規定。強制優遇的法官，停止辦案，從事研究工作，仍支法官給與，既符合憲法精神，又能暢通人事管道。

聽起來不錯的退場機制，確實是優惠待遇，一輩子以審判自任的母親，卻猶豫了。既然不能辦案，是否就該卸下公務，享受人生了呢？幾十年的司法工作，突然不做，要做什麼呢？人的年紀大了，總有做不動的一天，要到那時候才離開呢？還是應該在身強體健、神智清明時，揮揮衣袖呢？七十屆齡的前一年，母親經常在優遇與退休之間搖擺，看她非常煩惱，我也心神起伏，有時和朋友談起，即使口齒清晰，仍會引起疑惑，以為母親面臨退休，得了「憂鬱」症。母親則像小時候教導我們處理艱難抉擇時一樣，將筆記本劃分兩欄，一邊寫上優遇，另邊則寫退休，將利弊得失隨時記下。

終於，在七十歲滿時，母親做了決定。她說她喜歡有始有終，要為自己的司法官生涯劃下完美的句點，並且期待著最高法院幫她主辦歡送茶會。話雖如此，臨行依依，總希望留下些紀錄，於是我從二〇〇四年秋天她最後一次評議那天起，便跟著她拍照，從庭長室的案牘勞形到榮退茶會的笑淚交織，努力捕捉那對我而言既熟悉又陌生的職業婦女生活。

退休制度，將人的一生以有無受薪為標準，分成了兩部分。雖然總有人老當益壯、自勵勵人，宣稱退而不休、人生七十才開始，但從年復一年，習以為常的生活中退出，不論是因為健康、還是因為法規的因素，總是令人百感交集的。尤其，法官排難解紛，扮演仲裁的角色，既然審判，就有輸贏，要令所有人心服口服，應該是非常困難的事！這一路上，想必經歷不少緊張、壓力、困惑與焦慮，四十七年下來，能夠完整無缺，全身而退，了無遺憾，想想，也真是不容易啊！雖然，我在母親猶豫的一年中，一直是屬於「優遇派」，但，當母親做了最後決定時，卻不能不為她的「大功告成」鼓掌喝采！有人問母親，成功有什麼祕訣，母親想了想，說：專心。

上萬言書

母親確實是個專心的人，工作如此，愛情亦然。父親六十一歲時，感覺體力不濟，提早退休了。那時母親的公職生涯正處高峰，加班寫判決、參加研討會、出國參訪，活躍四方。兩人的生活落差大，協調困難，時起爭執。父親能言善道，辯才無礙，母親說不過他，氣急敗壞。一旦聲量提高，她擔心鄰居聽見，顧不得遣詞用字，趕緊先關閉門戶，拉上窗簾。如今想來，一個孤單，另一個壓抑，都令人心疼。

二〇〇四年的重陽節，母親從最高法院庭長的職位上退休，原本計畫著整修房舍、讀書旅行、清閒享福，她說：「可以多陪陪爸爸了！」未料，不出數月，父親便因病住院，母親從法官變成了全職看護，陪診、換藥、透析、擦澡，過著以父親為中心的日子。父親精神好，飲食正常，母親就談笑風生；父親體力差、指數起伏，母親就憂心忡忡。即使如此，她的理性與耐性卻總令我感到驚異。

為了瞭解腎衰竭的飲食宜忌，掌握父親十幾種藥物的正副作用，七十歲的母親學會了Google，當醫師嘗試對父親做任何治療時，母親總會不厭其煩、再三詢問相關步驟，一定要確認所有的施作都是必要的、危害是最小的，才肯答應。而當父親因感染導致心肺受損，醫師要來插管氣切時，母親強忍淚水，反覆請教復元的機會和加護病房的情形。

終於，在全家人幾度商議、仔細思考、靜心禱告之後，母親簽下了放棄侵入性急救的同意書。由於母親的勇敢，我們在父親最後一個月的生命中，得以和他朝夕相處，盡情交談。父親離世的前幾日，看著為他操煩消瘦的母親，輕聲地說：「我每天都想著妳呢！」

重拾美麗人生

去年秋天，父親安心地走了。母親嚎啕痛哭之後，打起精神，努力活著。她開始學氣功、吃養生食品，和親友聚首、來聽我演講，拜訪紙教堂、參觀篤姬的故鄉。同時，著手整理數十年來自己的裁判書類，想給我們姐弟三人留下點什麼。聖誕節，一輩子扮演審判者角色，難以接受「罪人」形象的母親，有感於上帝的恩寵、想念著在天的父親，受洗歸入基督的名下。

【本文作者】李貞德
國立台灣大學歷史系學士、碩士，美國西雅圖華盛頓大學博士，現任中央研究院歷史語言研究所研究員。著有《公主之死》、《女人的中國醫療史》等書。

黃綠星

——沒有一絲遺憾的殿堂歲月

【本文作者】
黃綠星（最高行政法院庭長退休）、
孫森焱（司法院前任大法官）

黃綠星

民國二十四年（一九三五年）生，四十七年自國立台灣大學法律系畢業，同年參加高考司法官考試及格，五十年元月初任法官，至九十四年以最高行政法院庭長職退休。嗣後仍從事與法律相關的志工，願為「一世法律人」。

楔子

國際婦女法學會中華民國分會於民國七十九年成立，今年正滿創會二十週年，策劃編輯一本書，邀請較資深年長的會員敘述作為早期女性法律人有關家庭、職業、生活上的事蹟、感想、期許等。我是創會會員，也曾任第三屆理事長，榮幸列為受邀名單，感動之餘對成為法律人四十餘年來在家庭上及職業上所遭遇的事從何說起，實在惶恐不已。

幼時在日本東京與父母、姐妹們合影。

我任職司法官四十餘年來，謹守「法官不語」的箴言，除了寫判決，難有機會表示自己所為所思。這一次既然有這樣的機會，希望寫些除了法律人以外，一般讀者也感興趣，也願意分享的事情。

我於九十四年退休後，曾受邀參加司法院策劃，由中央研究院執行的「台灣法界耆宿口述歷史」列為受訪者，有關受訪紀錄編列於司法院所出版的第四輯（九十七年版），內容分少女時代、求學、司法官考試及格受訓經過、法曹工作憶述、難忘的法界長官、赴美考察保護管束制度、參與女性法律人社團活動、前輩女法官們、我的信念、結語等項，廣泛而具體，涵蓋了我的大半生。

書出版後有位朋友對我說，讀後覺得我所述似欲言又止，有所保留的樣子，我當場感到很大震撼。可能一般讀者，尤其是女性讀者，對於身為女性而任司法官，與一般男性法官比較，在家庭上、工作上有無特別的遭遇，如何克服，又如何堅守崗位等，正是閱讀該書的重點，難怪讀後感到失望。

這一次我再度有機會談談我身為法律人的經驗，不想再重述以前所談過的事，希望以純女性的立場談談較柔性的事情，不過內容還是以工作為中心，另談些家庭生活。

記得初學法律時，在一本敘述英國早期爭取司法獨立奮鬥史的書中，講到法庭是正義的殿堂，我大半生坐在法庭上審理案件，因此將本文標題取名為〈沒有一絲遺憾的殿堂歲月〉，讀者如對我的法官生涯想多些認識，請參閱另一本《台灣法界耆宿口述歷史》第四輯。

審判工作是我的全部

我於四十三年自省立高雄女子中學畢業，同年參加大學院（台灣大學、台灣師範學院、台中農學院、台南工學院）第一屆聯合招生，考入台灣大學法律系。當時全班學生約一百人，女同學十人。四十七年畢業參加全國性高等考試司法官考試優等及格，四十八年七月參加司法行政部司法官訓練所第四期受訓，四十九年十二月結訓，翌年即五十年一月被分發至屏東地方法院任候補推事（已改稱法官）。

其實我在高中時期對法律完全沒有概念，只因數理成績不錯，報考理組希望當醫生，意外地放榜結果被分發到台大法律系，想轉系父母不同意，只好繼續讀下去。等真正當上法官，發覺這工作適合我對事辨是非愛據理力爭的個性，於是我發願當好法官。自五十年一月初任法官，至九十四年八月屆滿七十歲退休，整整當了四十四年八個月的司法官（法官與檢察官）。

歷經台北地方法院法官、檢察處檢察官十一年、高等法院法官、檢察處檢察官、調司法行政部辦事共十一年、最高行政法院法官（原稱評事，後改稱法官）、庭長二十二年，審理民事、刑事、行政訴訟案件，民事、刑事執行等，一直沒有離開過偵查、審判實務，可以說審判工作就是我的全部，當司法官成了我的終身志業。

雖然我審理案件很認真用心，審判品質在同仁及律師界也有不錯的評價，卻始終沒有被派至法院擔任院長，或至司法院任單位主管的機會，更與所謂司法官特保、特優、優良司法官等褒獎榮譽絕緣，只能自嘲說是陽春法官。

但此刻我回顧任職法官所走過來的路，卻沒有一絲遺憾，我一生從事一般人眼中清高的工作，能以超然、獨立、公正的態度從事審判，何等幸運，只能以感恩表達親朋的支持及鼓勵，還有社會大眾的寬容。

女法官的難題——工作與家庭的兼顧

我當學生時，每閱讀有關偉人或成功者的傳記或報導，對他們（幾乎都是男性）因公忘私、全力投入奉獻工作或事業的精神與態度非常欽佩，覺得他們實在太偉大，而對他們與家庭關係如何，他們的父母、妻子、子女的感受又如何，從沒有認為重要而嚴肅地關懷探討。

迄至我當了法官，接著結婚生子，私底下警惕自己，縱然不能做到因公忘私，但也絕不因私誤公，不能讓外界批評女性法官因兼顧家庭子女，影響工作上的表現。一路走來，我不得不承認，家務事對女性法官的影響確遠大於男性法官。

（一）不該發生的疏失

儘管我如何用心不使家務事影響工作，仍然發生了一些事，一直讓我耿耿於懷，趁此機會表達我的歉意。

話說五十六年間，外子孫森焱獲聯合國獎助金赴日本考察有關海事審判的實務。他原有胃潰瘍的宿疾，每遇工作忙碌緊張或飲食不適時就會發作，平時特別注意養生。大概在日本期間行程緊湊，生活緊張，飲食不適引起嚴重的胃痛，勉強挨到回台灣，立即到台灣大學附屬醫院檢查，經醫師診斷建議應立即開刀切除胃部，於是倉卒住院動手術。

當時我在台北地方法院擔任民事庭法官，家裡還有兩個尚讀幼稚園的小孩，沒有長輩可以幫忙，僅僱一位十幾歲的女孩照顧孩子們。外子開刀，私的方面，我必須到醫院與外子的弟妹輪流看護，也要代外子上在德明商專所擔任的課，更須分心照料孩子們的飲食起居。

法院方面，已定期的庭必須開，已辯論終結的案件待寫判決，無法請假專心處理家務事，真是忙得分身乏術，思緒一團紊亂。在這樣情況下所寫的判決，還是出了些差錯。

原來該案件的原告聲請提供擔保假執行，被告也聲請提供擔保免假執行，我寫判決時一時疏忽沒有注意到被告的聲請狀，結果判決主文漏寫准被告提供擔保免予假執行。雖然此部分遺漏另用補充判決的方式補正，並沒有真正影響被告權益，但被告還是很不滿，分別向法院院長、監察院控訴。

我了解當事人對法官的不滿，判決的主文很重要，稍有疏忽會直接影響當事人的權益，我也為此事內疚自責，心情低落許久。接下來院長、監察院方面要求我說明提出報告，這樣經過好幾個月事情才平息下來，令我身心俱疲，但也給了我很大的教訓。

事後我不得不承認身為人妻、母親，無法灑脫因公不顧私，這是人性與對子女家人的責任，但也是職業女性必須謹慎解決克服的。

第二件事也發生在小孩生病時，我的第三個孩子自出生即體弱多病，時常生病且來勢兇猛，照顧她非常辛苦緊張。有一次我還在台灣高等法院擔任刑事庭法官時，在辯論終結後趕寫判決送閱的前一晚，孩子（還不滿一足歲）又突發高燒，雖然立即找醫生診療服藥，大概小嬰兒痛苦不舒服，整夜哭鬧不休，爸爸哄她也不能安靜下來，在這情況下我自己也心急不安又疲累，實在無法靜下心來寫判決，只好決定再開辯論。

第二天將再開辯論的裁定送閱，並向庭長說明原因，庭長面露不悅地對我說：「妳們女性就是這樣，老是家裡孩子有事，寫不出來就不要先開庭，這樣浪費我的時間還得再開庭辯論。」

我當時難過傷心幾乎不能自已，自尊受傷極大，覺得庭長太不近人情，應該體諒女性兼顧孩子的處境。但是等心情冷靜下來，我突然驚覺到再開辯論，不僅讓庭長、陪席法官必得多花時間重新開庭審理外，也害被告、被害人或相關證人必多跑法院一次開庭，擾亂耽誤了他們的的工作或日常生活，更可能因不明瞭再開辯論的原因而緊張不安，我當時怎麼沒體會顧慮到當事人的心情與處境呢？

之後，我學習不論何種情況下，如何調整心境，避免耽誤公事。我也領悟到對職業婦女而言，家務事終究不能避免影響到工作，但請不要因而評斷女性工作態度、工作品質、工作能力不及男性。

（二）一生感念的長官

我不避諱地談到家庭對職業工作的影響，幸而我遇到了愛護下屬的好長官，扭轉了我的命運，順利地走完法官的生涯。五十九年我生下第三個孩子，她是一個體弱多病的小孩，尤其是她開刀後傷口癒合不良引起感染，常發高燒，為清理傷口幾乎天天要跑醫院。同一時期我被調到台灣高等法院擔任刑事庭法官，法院裡的同仁都知道辦理刑事案件工作繁重，壓力特別大。剛好我承辦重大刑事案件，被告人數多達三十餘人，辯論終結後我只能借住親戚家閉門一星期趕寫判決。

在這樣的情況下，我的身心情況開始出現問題，我感覺到已無力支撐，必須調整工作，便萌生調回台北地方法院或離職休息的想法。開始找法院院長表達實情請求協助，他仍然安撫我再忍耐一下，最後不得已鼓起勇氣直接去見當時法務部部長王任遠先生。

當我表明來意後，部長並不表露不耐或不悅，只說他了解了，會設法解決。數日後公文到了，調我到司法行政部刑事司辦事，並沒有准我辭職。這工作是平調，沒有讓我回到地方法院，顧全了我的自尊。

報到時，我去見部長，部長說調了新職還可以接受吧，不用開庭寫判決，工作負擔應會減輕，希望能兼顧到小孩，不要輕言放棄法官的工作。

這番話我聽了深受感動，居然有這樣富愛心的長官體恤關懷下屬，而且是男性長官能體諒當母親的下屬的困境。之後，我常因執行死刑案件而須見部長報告，每次見面總是關心地問：小孩好嗎？工作能適應嗎？可以多照顧小孩嗎？的確，在司法行政部四年，不用為開庭趕寫判決而焦慮，生活上有了些餘裕，身體也漸漸回復健康，小孩也順利長大了。

我這孩子因手術後影響足部，行動有些不便，後來又做了兩次矯正手術，但身體慢慢轉好，順利讀完大學，隻身赴德國深造，回國後在大學任教了。這是當時抱著多病的孩子感到無助、恐懼的我所沒預見的。我再回到審判工作，心境完全不同了，能專心投入工作，一直到退休。

如果當時沒有這個機會，我只能辭職照顧小孩，可能另當律師，人生走的路完全不同了。我常想，職業女性婚後生育子女，確實須分心照顧家庭及小孩，但那只是過渡時期，能衝過這階段，和男性一樣能專心投入工作，發揮所長而有成就，世界上許多偉大的女性，不是一路這樣走過來的嗎？我一生感激懷念王部長，特在此表達我的謝意，也讓讀者知道有這樣的好長官如何體恤愛護下屬。

印象深刻的案件

曾經與親友閒談或接受訪問時，常被問及有無辦過特殊、重大或引起社會注目的案件，審理過程如何。這是大家感興趣的事。但我最不願與人提起所承辦的案件，每一件不論大案或小案，案情複雜或簡單，都是當事人的私密，隱痛不欲為人知，不宜公開提出來談論，這是司法官或律師的職業倫理。

我從事司法工作四十餘年，曾經擔任地方法院法官、檢察官、高等法院法官、檢察官、最高行政法院法官、庭長，承辦偵查、民事、刑事、行政事件，還一度從事司法行政方面的工作，承辦過無數的案件，大部分案情已記不清了。不過我後段二十餘年在行政法院，審理人民與行政機關間的公法之爭議事件，較少涉及私情，其中有兩件案件因判決後影響頗大，讓我事後真正感到法院判決的公信，因而利用這一次可以提出來與讀者分享。

第一件是有關華岡藝術學校董事會被台北市政府解散的案件，其詳情我早已不記得了。有一年有人送我一本雜誌叫《中外雜誌》，內有一篇〈華岡藝術學校三十而立史話〉，其中所提到的行政法院判決，就是我這一庭承辦的。

有關該校事件前後所發生的事很複雜，不便在此詳述。關鍵的問題在於八十四年五月五日台北市政府以該校部分教室屬違章建築，通知該校立即進行安全及消防設施檢查，在未取得合法使用前禁止作教學使用，並限期在同年五月三十日前改善。

該校董事會以這麼短的時間改進取得使用執照事實上是不可能，乃作出停止招生、停辦學校的決議，並報台北市政府教育局核備。教育局不准核備，並於同年七月十三日以董事會決議違背法令函知解除該校第八屆全體董事之職務，另立即指定七人組成管理委員會代行董事會職權，並派人接管該校校務。華岡藝校董事會不服，依序提起行政訴訟，分案由我這一庭審理。

我們看卷後發現台北市政府處理此案過程太粗糙，未遵守法定程序，違背正當程序原則，認該處分有重大瑕疵，為慎重計，特地開了言詞辯論庭，審理結果判決將原解除董事職務之處分撤銷，命另依法定程序查明處理。

其實此案並非因此確定，校方與台北市政府須繼續處理，以決定董事會的存否，判決後續結果如何，已非我能關心的範圍。不意事隔好幾年，看到上述文章，我才知道台北市政府教育局事後另作處分，回復全體董事身分與職權，退出對該校的接管。

依該文的敘述，學校自此從將臨廢校的困境中浴火重生，積極改革，終於向上提升邁入創校三十年的盛世」。法院判決的影響的確深遠，我自己也意外感到無心插柳柳成蔭的欣慰。（請詳見《中外雜誌》二〇〇五年二月，七十七卷第二期）

另一件是關於台北市政府撤銷電子遊樂場營業許可的案件。

陳水扁先生初任台北市政府市長時，積極改革市政，尤其為整肅社會不當風氣而厲行取締八大特種行業，其中之一即電子遊樂業，亦即日本風行的「柏青哥屋」。

我印象深刻地記得該行業正風行時，我家附近的街上一下子開了四家，我每日上班時即看到裡面已有人在打彈珠，晚上很晚還在營業，顧客包括了未成年的學生、青少年，甚至有些青少年整日浸在其中，這種打彈珠遊樂，還隱藏了賭博行為。

陳市長於是對這類電子遊樂業開刀，依據教育部發佈的「遊藝場業輔導管理規則」規定，以有些營業者放任未滿十八歲的青少年進入，即處分撤銷許可令其即刻停業，且說到做到強制執行，遊樂業不敵政府機關之強勢執行，陸續關門，同時不服提起行政訴訟，法院一下子湧進數十件案件。

關於該案涉及的法律適用在此不談，行政法院審理結果駁回原告之訴。此案後經向大法官聲請解釋，解釋結果以「遊樂場業輔導管理規則」未經法律授權違背法律保留原則，行政法院判決適用該規則違憲，無異認彈珠業者有理由，行政機關不應取締強令業者停止營業。

我要澄清的是，當初行政法院審理該案時，並非未注意到法規適用的問題，只是法院從各方面考量，最後衡量公益與私益的衝突，採不同的法律見解，才將原告之訴駁回。的確，如果當初法院判決撤銷停業的原處分，所有的遊樂業立即可以回復營業，其他觀望的業者也敢跟進，對整個社會的危害一定更嚴重。

奇怪的是，業者於大法官解釋後並沒有提起再審之訴，市面上也沒有看到此類遊樂場再開業的情形，也許流行一陣後商機已逝，生意人也不再關心此問題了。被解釋違憲的判決居然對矯正社會風氣引起了這麼大的影響，世間上許多事沒有絕對的是或非、對或錯。

第一次出國考察

我擔任司法官四十餘年，每天工作忙碌，少有閒暇的時候，甚至休假也用來應付緊急的事情，或可以減少工作量（休假可以停分案），仍然照常工作，因此七十一年上半年到美國考察半年，才真正享受到自由自在的長假，至今回味不已。

話說民國六十年代後期，我擔任高等法院檢察處檢察官多年，工作負擔壓力漸輕，孩子們也長大無須我時時操心，生活上及內心感到有些空虛，一心想著要有所突破改變。正好司法行政部此時為鼓勵司法官學習外語，定了鼓勵辦法，推薦司法官到語言中心進修，並給予公假及補助費用，我即抓住這個機會，埋頭學習荒蕪已久的英文。

我自大學畢業後即無機會接觸英語，所以我到語言中心上課，從最基礎的第一期開始，每期十週，每日上午八時到九時（這段時間不影響我蒞庭論告的執行），歷經一年半終於完成了第六階的課程。當時也有幾位司法官去上課，但大多半途就停止了。

課程結束後，我收聽空中英語的教學，加強英文能力。這時機會來了，行政院人事行政局舉辦公務人員出國進修、考察，其中有適合檢察機關及我職務的項目「美國保護管束制度」。機不可失，我即報名參加，經人事行政局筆試、口試（有五位口試官）通過，再到語言中心上一期（十週）的加強訓練課程，又經類似托福的測驗，終於正式獲派以公費到美國考察六個月，在台灣的職務仍留職留薪。

七十一年元月，我離開台灣飛到美國，時年四十八歲，留下尚在就學中的三名子女交給外子照顧，沒有同行之人隻身離台，對結婚以來沒有離開過家的我而言，也是很大的考驗。

我對這一次能出國考察非常得意，也很自傲，畢竟我開始重新學習英文時，沒有特別的目標，單純為了興趣，最後竟完全憑自己的能力，經過公平競爭的考試，終獲得此機會，連我也佩服自己的意志力及努力。

這是我第一次出國，一切都是新鮮、驚奇的體驗。因為我選的是考察的方式，在美國六個月的期間，每一星期就換不同的城市，每一天參訪不同的法院或行政單位，相當緊張辛苦。

我行經十三州，更多的大小城市，拜會許多聯邦、州法院、州政府、法務單位、檢察系統、少年保護管束及假釋的保護管束單位、監獄、拘留所、中途之家，還參加了二次保護管束官的講習會，所獲很多，非常值得。

有關我在考察中的所見所聞所感，我已在《台灣法界耆宿口述歷史》第四輯內一文中詳述，也另寫了一份考察報告「美國觀護制度之現況」。在此不再重述，只談我考察中的一些感想。

我到美國考察使用的是法官身分，持公務護照，從入關到一路走，不論是接待的美國官員或接觸的一般美國人，對我非常禮遇，非常尊重，顯示法官在美國社會地位的崇高。

我在台灣與人接觸，從沒有主動表明過法官身分。有些人知道後，就不屑地說：「當法官很好，可以開後門收紅包。」也有人馬上埋怨批評司法不公黑暗，我怎麼解釋法官工作辛苦，絕大多數人清廉公正，聽者的表情還是很曖昧，使我怯於表明法官身分。不意在美國，卻大大方方享受著因法官而受的禮遇，因此這次考察中我心情愉快，也珍惜自己是法官。

我在美國期間與美國人聊天時，最常被問及的是妳平時做什麼活動、喜歡什麼運動、有何嗜好。我被問得不知如何回答，平時工作忙碌，處理家務，很少全家出遊旅行，頂多陪孩子看電影或遊公園。

我也不做任何運動，原因不外是沒時間，覺得那是有錢有閒的人才有能力玩運動。還有我一直專心於讀書、工作，已無餘力他顧、對書法、繪畫、彈琴、唱歌、插花、打橋牌或蒐集珍品等，我一樣也沒培養成嗜好，這些需要時間更要專心，我的確沒有「美國時間」，其實當時台灣大環境還是很克難，大家還沒有休閒活動的觀念，我也沒感到生活欠缺什麼。

開始我據實以答，表示沒有什麼興趣，也沒有時間運動，他們的表情常顯得很驚訝，心裡一定不解當法官已是中上級社會人士，生活怎麼如此沒品味。後來我也學會，講些一般性興趣或運動，免得破壞對台灣法官的印象。

我在六個月當中，深深感受到美國人對戶外活動或休閒的重視，我所接觸的人不過是中產階級，他們會有閒暇及財力參加各種活動，也許那是他們社會地位的象徵，台灣近年來好像也興起這種風氣了。

夫妻法官可斷家務事

早期親友們知道我和外子孫森焱都是法官，都好奇我們的日常生活是否特別，是不是常互相討論案件？吵架時是否會引據法律針鋒相對？或者家庭氣氛像在法庭一樣嚴肅？其實我們的日常生活應該與一般夫妻並無不同，所談論要解決的不外孩子的教養或親屬間相處的事，或有關金錢處理的問題。有時難免爭論吵架得很兇，也許兩個人的個性比較理性，冷靜下來終能和平解決。不過我特別提起兩件事，關係到家庭的維繫，我認為是我們夫妻間重要的考驗。

其一是祭祀的問題，外子出身於台南保守傳統家庭，代代信仰祭拜神明祖先。反觀我出身的家庭，父母到日本讀書，之後在日本成家立業生活，幾乎沒有什麼宗教信仰，可以說是無神論者，我自然受影響結婚前從未拜過什麼神明。

結婚後雖知道婆家信神拜神很虔誠，但那是公婆的事，我不必操心，直到公婆年老體衰，尤其是婆婆已無體力心力處理祭祀的事，表示希望把神明及祖先牌位移到台北我們家供奉。

外子身為長子，認為這是理所當然他的責任，而我最初的反應是不願意，從抗拒、掙扎到惶恐，終於接受，其中心路歷程不便在此詳述。總之，原在老家的神像、祖先牌位連同龐大的供桌擇吉日吉時移到我們在台北的房子，把原來不大的客廳佔據了一半，弄得更擁擠侷促實在很無奈。

記得有次聽李貞德博士演講談中國古代婦女的地位，提到古代婦女在家庭中兩大責任：生男子和祭祀。我當時不解，以為祭祀不都是男人在祭拜嗎？等到自己負責，才了解男人通常只負責拿香祭拜，所有準備供奉的物品（依習俗應供奉的東西真不少），接待前來祭拜親屬，事後的整理，全是女人家的事，我才體會到李博士所講的真實。我有時回想當時我決定時的情況，祭祀是孫家最重要的大事，看到外子為此苦惱、焦急，一再說服我同意接受。

也許我辦案常遇到家族間爭議的事，開庭時我也常勸當事人和解，有些事一定有一方或雙方願讓步才能解決，這一次遇到自家的事，切身感受到這事不能不妥協，心想管他宗教信仰，也許退一步海闊天空，我決定同意接受終於平息了家庭糾紛，避免了家庭危機，外子也表明負責處理，夫妻共同承當。

此後我們的責任加重了，一年中要祭拜幾位神明的生日，祭祀好幾代祖先的忌日，還有過年、清明、中元、端午、中秋的祭拜，祭祀的確不是很簡單的事。

第二是法官夫妻在家庭中，除了要共同分擔（實際上大都由做妻子、母親的人多分擔）家務及子女教養外，還得面臨職場上無法受公平對待的問題。我們同時進入司法界，當時司法界有不成文的慣例，即夫妻不能在同一法院任職，關於職務的調動升遷，長官原則上優先考慮男方。

初任司法官時還未深切感受到對我們夫妻的影響，但隨著服務年資增加職務須調動的時候，常是先考慮調動外子，我則須再等兩、三年才輪到，開始時差距小一點，但漸漸差距拉大，外子受重視升遷順利，很快升任最高法院法官，我甚至落在同期同仁之後，我當然感到委屈，內心很不平衡，同樣努力工作，相信工作能力及表現都不差，為什麼我的職務受外子的影響，為什麼不能同時受公平對待。心情的鬱悶影響家庭的氣氛，我們的家庭有外人所不能理解的危機。

實際上這不是外子的錯，我不能跟他爭，形勢比人強，唯一的辦法只有先調整自己的心情與想法，慢慢我領悟到，身為母親必先顧慮到子女照顧的問題，如在職場上我處處與外子或同仁爭先搶機會，一定影響夫妻間的感情，也傷害到子女，我會因此而感到滿足或特別有成就感嗎？世間上的事不能求樣樣完美，一旦我決心接受現狀，心境也平靜了，夫妻間不論哪一方妥協，只要出於自願，家務事也解決了。

我所以特別提到這件事，實因我初任法官時，有一位前輩女法官鼓勵我，女性能當法官很不容易，應主動爭取機會，不要輸給男性，我卻沒有做到，是不是辜負了前輩的期待？

現在的法界已開放，夫妻可在同一法院服務，職務的調動上大概不再拘泥於男先女後，回首看自己一路走來的路，已沒有委屈感了。其實世間上的事，還是有公理在，時間還留給機會，早期職場上我落人之後，但一步一步升，最後也做到最高行政法院法官、庭長，真的已無遺憾了。

一生的法律人

我自擔任法官以來，就沒有離開司法界，一直到屆齡退休。這是我的驕傲，也是遺憾，我自傲堅守工作崗位，貫徹自己所持的信念，無愧於法官神聖的職責。遺憾的是沒有機會認識從事其他行業，也沒有培養工作以外的興趣專長。因此退休前即暗自決心退休後要切斷與法律的關係，嘗試不同的生活型態，結交法律人以外的朋友，退休後不得不承認，生活不可能一下子改變的。

也許是長期浸潤在法律的染缸中，司法界是封閉的環境，為了避嫌，不鼓勵司法官與外界交往，養成拘謹不敢開放的個性，很少所謂社會上的朋友，同時因工作忙碌，也失去試著培養個人興趣的機會，一旦離開司法界，真有點不知所措。不意因緣際會，又把我拉回法律的圈子，命定一生當法律人。

我有位在大學任教的朋友，聽說我退休了，認為我的實務經驗可以傳授給學生，於是竭力推薦我到某私立大學擔任教師講授「行政訴訟法」。其實講授法律課一直是我的心願，外子早就在大學兼任教授法律，也寫了法律書，過去我因工作與家庭的關係無法分心，失去了當老師的機會，哪知機會從天而降，我欣然接受，認真準備課程，編寫講義。

行政訴訟法是冷門課，比起民事訴訟或刑事訴訟，更難了解其運作，我從實務經驗引導學生認識行政機關行為與人民的關係，作為救濟途徑的行政訴訟程序的重要性。當了五年老師，覺得可以見好就收，辭去了教職。

退休不久，遇到當時台北地方法院院長林錦芳女士，問我有無意願擔任台北地方法院簡易庭調解委員，希望由我起頭帶動退休法官們當調解的志工，我沒有多少考慮就答應了。

我當了司法官四十餘年，後段二十餘年都在最高行政法院，最高行政法院及最高法院都是法律審，審判的重點在審查下級審法院的判決所適用的法規有無違法，大多數案件都是書面審理，對事實的調查、認定屬第一審第二審法院的職權，因而我總覺得沒有掌握事實的切實感。

再者，每一案件從事實發生至上訴到最高行政法院，大都經過兩三年，似乎遠離了真實的社會，案件發生時當事人及周遭的感受已漸淡了。有時覺得我自己關在象牙塔裡看外界，一直希望有機會重新回到第一審，能真正切身感受社會的萬象與變動，而擔任調解委員實現了我多年來的遺憾。

從調解案件中，我看到社會上人與人間相處，到底有什麼樣的糾葛、心結，還有許多法律所不及或不易解決的問題。進行調解是用情、用理，而不像判決講法，我縱然有數十年的審案經驗，但讓當事人心甘情願成立調解，還是覺得非常不容易的事。

我以前坐在法庭審案，感到與當事人間有距離，而在調解庭裡和當事人平坐，彼此多麼接近，在說服當事人時，覺得像在解決自己的事，盡量使雙方感覺受到尊重。我慶幸退休後有這樣的機會，使自己更成長，更包容。

國民年金法實施不久，內政部國民年金監理會邀我擔任爭議審議小組的審議委員，那是行政救濟程序中最初的階段。我由最高行政法院庭長竟願意到下級行政機關擔任會議制的審議委員，很多朋友感到意外。

其實我的個性對新的事務都感興趣，國民年金法制定前，社會上有很多批評意見，沒有看好它的前景，我覺得擔任審議委員可就近了解年金制度及其實施後可能發生的問題，協助建立完善的審議制，製作好的爭議審定書可以減少訟源。

其實國民年金的案件相對於勞保案件、全民健康保險案件比較單純，審議委員會功能的運作還相當順利進行。我因而有機會了解到建立新的制度，相關公務人員如何由無到成形及宣導的辛苦及努力，對年輕的工作人員感到欽佩。

此外，我另兼了兩個部會的法規會委員，每次會議討論中，我感到多年承辦審判實務的經驗，對解決法律適用爭議的問題幫助很大。真沒想到退休後，還有這麼多事情讓我忙碌，不過對始終沒機會嘗試其他行業，還是覺得先天不足，也許下輩子吧，希望不再當法律人。

無法彌補的遺憾

今天我在職場工作上能稍有成就，要感謝父母先天給我健康身體及聰明的頭腦，使我在求學及就職過程一直很順利，好的身體底子能撐過艱苦的生活與壓力。我如何走上法律人的路當了法官，則受父親的影響很大。當初我放棄保送師範學校的機會，選擇報考高中，是父親在背後的支持。

民國四十年在南部，民風還很保守，一般認為女孩子最好的出路是當老師，尤其念師範有公費，可以減輕家裡的負擔。但父親對我說，念師範只能當老師，一個人眼光要看遠，念高中有更廣更大的前途，叫我考慮，於是我考入高中。

高中畢業時，明知供我到台北讀大學父母負擔很重，我還是一心想念大學，甚至拒絕了親友介紹的工作，父親不顧家中長輩的意見，支持我念大學。

全家福。

考上台灣大學從高雄北上時，是父親幫我整理行李，清晨離家到火車站，我帶著行李坐三輪車去，父親竟是用走路去的，從鹽埕區到車站相當遠，回程大概也是走路吧，想到這裡我滿心不忍與感激。

父親從小學畢業離家讀中學，然後到日本留學，因此整理行李的功夫是一流的。我考上司法官被派到屏東當法官時，父親告訴我，當法官坐在庭上，當事人及旁聽者坐在台下只看到我的上半身，外觀給人的印象很重要，要給台下的人穩重莊嚴的形象，一定要買好的眼鏡戴著。

父親一向不注意女兒們的衣著，

竟然注意到當法官外表的重要，多細心慈愛的父親呀！於是我報到後第一份薪水買了好的較貴的眼鏡，第二個月買了電風扇（屏東實在太熱），接著買了收音機、五斗櫃，漸漸有了家的樣子。

父親個性沈靜不多話，平時幾乎沒有和子女談話的印象，自我長大做事回娘家，也少有與父親長談的機會，沒能更深入了解父親，確是無法彌補的遺憾。

母親較務實，總認為女孩子讀師範學校或師範大學，畢業後當老師有穩定的工作較實在，一個女孩子念法律能做什麼呢？女性能當法官或律師在當時保守的社會是想都沒想到的事。母親雖然很擔心，不過她還是省吃儉用供我讀大學法律系，我的兩個妹妹就進入師範大學了。

後來我當了法官，有時親友向母親稱讚有優秀的女兒真好命，有福氣，母親總是淡淡地說：「如果她是兒子就好了，女兒再好出嫁了就變成別人家的了。」剛開始我聽了很不是滋味，認為母親重男輕女，女兒不管多努力或有成就，還是不如兒子。

慢慢自己經生活歷練，知道一些人情世故，我才了解那是母親對外謙遜的表達方式，在那時代當母親的不習慣稱讚顯耀自己的兒女吧！我想母親內心還是以我這女兒為榮的。

兒子哭喊：「媽媽不要上班。」

我生了三個子女。老大是男孩，他幼小時我要上班，只好僱一個女孩子照顧他，每次我要上班，兒子就哭著喊：「媽媽不要上班。」還拉住我的手，我擺脫他的手急忙走出家門，心痛如刀割，非常不忍，頻頻回頭還聽到兒子的哭聲。不過看顧的女孩對我說當我轉個彎已看不到時，兒子也不哭了。

有一陣子我們住在永和宿舍區，十來戶家庭，大概媽媽們只有我上班，每一家小朋友們都有媽媽陪著，我的孩子一定感到孤單寂寞，也許受到鄰居小朋友的欺負，也無處求安慰呢！兒子結婚了，也生了三個孩子，他的妻子也得上班，孩子交給保母帶，兒子應該體會到台灣社會女人結婚生育子女後，仍然要上班工作的辛苦與無奈吧！

兩個女兒，老二念完書後就工作，沒有跟哥哥妹妹一樣出國留學，她是虔誠的基督徒，為主奉獻服務，喜樂地生活著。老三當初雖口口聲聲說不喜歡法律（大概看怕了父母親工作的忙碌與生活的無趣），但終究讀了法律，還到德國深造，拿到學位回台灣進入大學教法律，注定是當法律人了。

她是奇怪的孩子，雖然父母也是從事有關法律的工作，她回家不喜歡講法律，常說工作結束了不喜歡把法律帶回家。尤其是與我之間，也只話家常，像一般母女。有時女兒提到同學的母親多能幹，會包粽子、蒸年糕、做油飯、潤餅等年節應景食品，會帶給同學們分享，描述那滋味多好吃，我聽了只淡淡地表示，我每天煮三餐熱的飯菜給孩子們吃，還準備便當，從沒有拿錢叫孩子們買外食，已經很不容易了，真的沒有時間做費時費工的食物。有時我不禁想，我有沒有留給孩子們母親的滋味？

作為母親，我自認是很負責的，除了上班時間外，孩子們的飲食起居讀書，我都親自照顧，孩子幼小時我還利用每天午休時間搭公共汽車趕回家陪著孩子們吃午飯。不過我卻不是有耐心溫柔和藹的母親，由於我的工作性質，必須常帶回家趕夜工，於是晚上常催著孩子們早一點上床睡覺，有時孩子們不聽話不肯睡覺，我心急就罵孩子，看著孩子們委屈地哭著入睡，內心難過又後悔，連自己也感到無助。我也很少陪孩子們唱歌講故事，也許孩子們也習慣了，長大後也沒聽他們埋怨我的母愛不夠。

我雖不是完美的母親，但感謝孩子們順利長大，有穩定合乎志趣的工作，結婚另成立美滿的小家庭，他們對我的寬容與愛，我是有福氣的母親。

至於外子孫森焱，我們在大學讀書時認識，一起考上司法官、受訓，結婚後一同擔任司法官直到退休，一路走來將近五十年，生活上、工作上經歷了多少風浪，我也不知如何用有限的文字來敘述我們的事。幸而外子知道我要寫些有關工作家庭的回憶，表示他願另寫一篇我們夫妻的故事，此部分我就讓機會給他吧。

如我在本文前段提過，法院是非常封閉的環境，為了避嫌，平時少與外界交往，因此我在任職期間，除了法院同事外，幾乎沒有機會與法院外女性法律人認識接觸。直到國際婦女法學會中華民國分會成立，會員網羅了女性司法官、律師、大學教授，服務於行政機關、金融機構、企業界的法務人員，終於有了真正的女性法律人的園地。

我也因緣際會加入了本會，認識了各界的女性法律人朋友，變成我唯一與法院外的朋友開會、交換職場心得、同遊聯誼的天地，也因而有機會出國參加了國際婦女學會總會舉辦的年會，讓我大開眼界，親睹外國女性法律人的活躍與積極，感嘆我國法院與法官們對外界事務接觸太保守。我自參加本會，視野與心胸、思維更廣闊，各方面獲益良多，現在我已退休，與法院舊同仁間來往的機會少了，能繼續與女性法律人間維繫接觸的地方，就是這個園地。

參加在巴黎舉辦之FIDA國際雙年會。

我榮幸受邀為本會慶祝創會二十週年的特刊上寫一篇有關職場生涯與家庭的回顧，加入本會是不可或缺的一環，對我意義重大，特在本文結語表達我對這個園地的感情，也感謝這園地朋友們的愛護。並祝國際婦女法學會更壯大，進而把關懷延伸到會外的人們。

綠星和我

◎孫森焱

我和妻子綠星雖然都是法官，但從來沒有在同一所法院服務共事過，我一向審理民事事件，綠星則當過法官、檢察官，長期審理刑事、行政訴訟事件，兩人工作性質不同，所以她在法庭上的表現如何，寫的判決如何，我不是很了解。加上綠星個性內斂，工作上遇到的困難、委屈、挫折，下班回家後很少訴苦埋怨，如有高興或表現優異的事，也只是輕描淡寫地表示，所以有關她工作的事，我無從說起。我們家庭生活的重心在子女、家族，因此我想講的綠星，是在家中所看到，相處將近五十年的她。

我和綠星結婚將近五十年，兒子的年齡離半百，已屈指可算。目前攜眷在高雄就業，最近單身回北，參加開會，綠星特別為他下廚，調理羹湯，雖然簡單幾樣，兒子吃得津津有味。看他用筷子細挑魚肉，含在嘴裡品嚐，大碗喝湯，一臉滿足的表情，深沐親情，讓我感受到綠星當母親溫馨的面相。

說起家事，在我退休前後，原在家幫傭的人也告老不做了，從此家事由綠星一肩擔起，我和大女兒，只有在「良心不安」時，才幫頭幫尾。綠星做事乾淨俐落，講究時效，晚餐總在傍晚六點半，我在書房玩電腦，她準備好以後會叫一聲「吃飯了」，一看時間，真準時。

有時我正忙著工作，一時無法馬上停止工作，她就自己先吃，她常說飯煮好了，等吃飯之間不知做什麼好，還是先吃然後出門去運動。我也知道她辛苦做飯，要心懷感激，趕快一起吃飯。

綠星和我同時接受司法官訓練所第四期訓練，自民國五十年開始擔任司法官，依當時的司法行政內規，要迴避在本籍地任官，夫妻亦不得在同一法院任職，因此，我擔任法官（推事），綠星則擔任檢察官，此後的發展卻變成我一直阻擋綠星升遷的前程。綠星以優等成績考取司法官，司法官訓練所結業成績亦是優等，而她的司法官生涯總是遲緩一步。

我在六十八年開始擔任最高法院法官，綠星不能同時在最高法院任職，延至七十二年始調至行政法院擔任評事（後改稱法官），此時由第五期結業的學員擔任她的庭長。綠星很認分扮演庭員角色，不爭著外派當首長，也不急著升任庭長，經歷十二年法官後當上庭長，最後當了最資深的第一庭庭長。綠星在行政訴訟審判範疇內能創出一片天，展現她的能力，深得同仁擁戴，退休時，相約為她辦理自強活動慶祝，院方辦理盛大的歡送會，贈送匾額讚頌聲譽，連我也同感榮幸。

據我所知綠星是女權主義者，因法官特殊的身分，雖然不能積極參與相關活動，平時很關心女權運動，尤其職場上女性權利的保障與待遇平等的問題。但她也是明理的人，在家庭裡適當地扮演長媳、長嫂、妻子、母親角色。她認為這是對公婆的尊重與關心，對丈夫處境的體諒，對家庭裡每一個人的愛心。

綠星身為長媳，和我共同擔負家族親屬間俗務，經歷種種世事，總算辛苦度過。父母生前就掛心祖先祭祀的繼受事宜，我身為長子，無可推辭，因將台南奉祀的神明及祖先牌位連同古典「紅格桌頂」一套，移設台北公寓客廳，佔滿空間。從此擔負逢年過節祭拜祖先的重任，其中遇兩次重大祭祀事宜，由於燃香及燒化金紙所生重金屬氣體，引起綠星皮膚過敏而臉部腫大發黑，經醫師緊急施以類固醇治療，方趨痊癒，省思及此，感激為我孫家承受苦痛之餘，深覺不忍。

我們自結婚後調到台北的法院工作，父母仍留在台南經營雜貨店，平時少有共同生活的經驗。有一年母親生了嚴重的肝病，接到我家治病休養身體，前後約一年半，綠星在忙碌的工作與家務中，仍用心為母親調理富營養的食物，母親終於完全康復回到台南，直到往生又經歷二十餘年。

到了父母親年老多病體衰，已不能在台南獨立生活，我們就把父母親接來台北由兄弟照顧，母親有糖尿病，綠星除了煮一般菜、湯外，還為她另準備適合糖尿病的飲食，父親喜歡晚餐時小酌，綠星也為他煮些特別的下酒菜。當時雖然有人幫忙做家事，但她只作工半日，所以早餐及晚餐都是綠星親自調理，綠星手腳俐落做事快，總能利用短短的時間煮好晚餐，準時開飯。

綠星曾說那一陣子，她頭腦裡常盤旋的就是三餐如何安排，比審理訴訟案件更用心思。我要特別提起這一段事，是因為綠星對我父母親的孝順與照顧，對我身為長子，意義特別重大。

兒媳孫子在假期或過年回家團圓，是快樂幸福的一件事。但預先要大掃除，為大家準備寢具、料理年夜飯及三餐事，都要費心規劃。看她盡心地準備工作，足見她對兒孫的用心。同時深切感受女性有職業，還要兼顧家庭，生活負擔自是丈夫的加倍。

兒媳在美國前後生產二子，她都利用休假千里迢迢前往照顧。二女在德國留學時，腳部開刀，也是她趕去照顧，白天在醫院床邊陪伴，勉勵加安慰，晚上在陌生的異地踩雪地回到住宿地，連道路都無從分辨，真是為母者強。

六十四年起，我開始在東吳大學擔任教席，為準備教材，公餘埋首撰寫講義，迨六十八年始完成《民法債編總論》，在此期間綠星從旁輔助，讓我無後顧之憂，我亦感念在心。她奉獻家庭，猶如桶箍，凝聚大家的心。

綠星除了為孫家付出外，對娘家父母的照顧也沒有怠忽，她的弟妹都在國外，只有她在身旁，娘家大小事，及至父母年老生病，也都由綠星擔當處理照顧。綠星曾感嘆老天厚愛，很多事故不是擠在一起發生，才能逐件處理，還好公私都能兼顧。

當然我們夫妻、子女家人間，曾有溫馨、歡樂的時刻，也覺得人生美好，沒有虛度此生。但那些發生的事，也許太平常、微不足道，我一向對身邊周遭的事感覺遲鈍，沒有深刻的記憶，綠星較感性，對於很多愉快的事、辛苦的經歷，記憶猶新。

雖然綠星為家人子女用心忙碌，她最在意、重視的是法院審判工作，她準時開庭審理，按時交出判決，沒有積壓案件。在最高行政法院擔任第一庭庭長這一段時期，她致力於判例與決議的研究與整理、編定，對行政訴訟制度與有關公法上法律見解有相當的貢獻。

半世紀來的婚姻生活就是如此過來，在終身志業上，她讓路給我前進，在家庭生活上，侍奉長輩，養育子女，用盡心力。我也了解我的生活起居須依賴綠星，我的個性本質上不會變，可是細節受到影響，這一點我已無從否認，乃以此文表達感銘心意。

〈綠星和我〉作者：孫森焱
民國二十二年出生，四十五年畢業於國立台灣大學法律系，同年參加推事檢察官特種考試及格，五十年開始司法官生涯，九十二年因大法官任期屆滿退休，目前兼任東吳大學法律系教授。

陳孟瑩

——愛不流逝，只是轉換

【本文作者】
沈冠伶（台大法律學院專任副教授）、
鄭聆苓（台大法律學研究所民商法組研究生）

陳孟瑩

- 金門地方法院院長退休。
- 台灣省基隆市人，私立東吳大學法律系畢業，司法官特考及格，司法官訓練所第四期結業。
- 婚後曾旅居尼加拉瓜、紐約、非洲加彭等地，返國後任職台北地方法院法官、庭長、高等法院法官、金門地方法院院長等職，民國九十三年退休。
- 現任財團法人少年友愛基金會董事長，並從事國內及國際婦女社團活動。

楔子

還記得初見到陳孟瑩法官的時候，當天我們在氣溫直逼三十幾度高溫的豔陽下，匆匆忙忙地直奔會合地點，當時一推開門映入眼簾，見到陳法官一襲白色的絲質套裝，秀長的鬈髮盤起了優雅的髮髻，搭配著簡單又不失高雅的小飾品做點綴，笑臉盈盈地向我們招著手。

坐在陳法官的身邊，原本我們因為悶熱天氣的焦慮，和準備採訪的不安，就在陳法官親切溫柔的笑容之下，瞬間煙消雲散。

陳孟瑩法官，東吳大學法律學院法律系第一屆畢業，當年即應屆考取司法官，司法官訓練所第四期結業，日前自台灣高等法院刑事庭法官退休，現擔任財團法人台北市少年友愛文教基金會董事長。在過去豐富的法庭實務工作經驗中，陳孟瑩法官曾擔任過台北地方法院民事庭、少年法庭法官，桃園地方法院民事庭庭長，台北地方法院少年

參加亞洲東協婦女會，接受大會主席安娜馬潭贈獎。

法庭、簡易庭庭長，更曾經遠赴金門地方法院擔任院長，成為轟動一時的金門地方法院首位女院長，之後服務於台灣高等法院擔任刑事庭法官；個性樂觀開朗且重視教育意義的她亦曾於司法官訓練所、司法院司法人員訓練所、國立師範大學、中興大學法學院、東吳大學、警察大學、專科學校擔任講座，給予專業及經驗的分享，嘉惠於無數的莘莘學子們。

深厚的國學基礎

陳孟瑩法官一襲修長的身形，優雅的裝扮和溫柔的笑容，讓人很難想像她的工作竟然是陽剛嚴肅而且不苟言笑的法官。每每總會有人不禁好奇地問，是什麼原因讓她選擇了法律這條路並成為一個法律工作者。

「我現在回想起來，這可能都是因為我的母親。我的父親是做貿易的，母親在小的時候因為以前外公經營小輪船公司做兩岸貨運，家境還算優裕，所以母親除在私塾修習漢文外，也曾赴廈門集美中學讀書，後來因外公急病中途放棄學業。我的母親頭腦敏銳，反應又快又機靈，也很善於辯論，只可惜當時那個年代，大部分的人都相信『女子無才便是德』，母親沒有可以讓她發展的舞台，只能在家庭裡把她擅長的漢文盡量教給子女。

「我是家裡的老大。母親對我的要求特別嚴格。從小媽媽就逼著我勤背國文，我小學下課回家後還要上漢文課，我幾乎什麼都要讀，像《古文觀止》、《左氏春秋》、《論語》、《孟子》、《唐詩》、《宋詞》等等。現在回想起來，多虧那個時候念了許多的國文，日後為我的國文打下了扎實良好的基礎。

「中學的時候，我看的書範圍更廣泛了，家裡有我父親收藏大量的五四運動作者的書籍、學校圖書館中的外國翻譯小說，如《罪與罰》、《蛻變》、《失樂園》、《青鳥》，不管懂不懂都看。」

就在這樣的環境之下，陳孟瑩法官藉著母親的細心栽培並努力深植自己國文的實力，無形中漸漸培養出了對文字的敏感度和文章字裡行間的邏輯感。

在基隆女中畢業之後，以些微之差，沒有考上當時唯一的大學的國文系，她一腳踏入了「省立行政專科學校社會行政科」（即「國立中興大學法商學院」之前身，現已更名為「國立台北大學」），並且選擇主修社會工作。

「當初念社會學系的時候，因為也需要選修一些與法律相關的課程，比如像刑法概要、憲法之類的，這些科目，通常只要我有準備就可以得到很高很高的分數，當時我覺得自己對法律科目似乎更得要領，進入狀況很快，加上自己個性本來對文字的運用與斟酌特別細膩，所以漸漸念出了興趣來。當時東吳法律系正值在台復校之際，有親戚規勸我東吳大學在大陸知名度高，叫我不如就去試試看，我就這樣參加考試，考上了東吳法律系，成為東吳法律系第一屆的學生。」

她就是在這樣因緣際會之下，走進了法律之路，正式開始了法律人的腳步。

一天睡覺不超過三小時

「因為東吳法學院剛剛起步，其實硬體設備都還不算很健全，不過東吳法律有很強的地理位置優勢，它離法院很近，實務資訊的資源多；而且當時東吳的院長熟識許多一流學校的教授和在職的法官並積極邀請前來授課，所以師資方面也很堅強。」

回想起當初在念法律系時每天都努力不懈，勤奮苦讀不斷背法條的日子，陳孟瑩法官微笑著分享她考司法官那時的記憶：「我本來也不知道畢業之後就是要考試、參加國家考試，是同學問了說『妳畢業以後打算要幹什麼？要考試嗎？』我才認真有想要準備高考。

「還記得那時候應該是在七、八月的時候考試，我在二月過完年之後，把所有高考要用的書統統找出來，擬好了讀書進度。那時候我的房間窗戶就正好面對著一片藍藍的大海。我嚴格地要求自己，每餐吃飯不能超過十五分鐘，一天睡覺不能超過三個小時，累了就靠在窗戶吹海風。就是這樣憑著意志力跟一股信念，我在短短幾個月的時間苦讀下順利考取了司法官。後來放榜一個禮拜之後，身體還因為過勞，瞬間貧血，一度暈眩過去。」

頓時聽完我們都不禁大嘆，實在是很驚人的自制力，也使我們感受到，陳孟瑩法官嚴以律己、永遠追求完美自我的執著，原來就是她能如此成功並令人佩服的原因之一。

「我小學念書的時候，因為當時正值美軍轟炸的關係，所以我的學業是跳級的，我的數學只有學到除法，很多基本的數學原理幾乎都沒學過，所以在這方面總是表現很差。當時對於自己因為數學實在考得太差而以些微的差距沒有進入當時唯一的大學，真的感到很遺憾，還好我父母很寬容，也沒有微詞。

「我以前最喜歡、最想念的，其實是文學。因為幾分之差飲恨沒能上心中理想的志願，感到很惋惜，可是後來我才明白，好險當初沒有真的跑去念文學，很慶幸自己沒有走上那條路，因為後來發現到自己的原創力其實是很不夠的，如果當初真的選擇了文學，今天可能就不會是坐在這裡，也不會擁有這些經驗和回憶了；我以前年輕的時候，也曾經一度覺得過去學的那些社會學科沒什麼用，直到後來在做審判工作的時候，才深深地了解到將這些社會學的知識運用在這份工作上，是多麼重要！」

從陳孟瑩法官的娓娓敘述中，她體會到人生的許多安排乍看之下或許不盡如人意，但是永遠不要放棄自己，應該正面思考，勇敢面對並接受挑戰，不要怕苦，也不要自暴自棄，轉換自己的心境，或許可以找到更好的自己，將自己準備好了，說不定就可以遇見更好的機會，活在當下，也更能夠好好欣賞這一路的風景。

乖乖女遇見真命天子

在考上司法官後的那一年，陳孟瑩法官遇見了她一生的最愛，就是她的丈夫——前外交官江錫譽先生，兩人從相遇到最後結為連理的過程，宛如一部曲折又浪漫的愛情電影。

「在當時，家裡出了一個女司法官，尤其是基隆市第一個考上的女司法官，是一件非常光榮的大事。我的父親為了感謝以前指導過我的老師們，特別在放榜之後辦了一場謝師宴。」陳孟瑩法官的先生，也就是在大學時期教授她「涉外民事法律適用法」課程的老師。

當我們談到她的感情生活時，仍感覺到她對於先生那份崇拜與孺慕之情，帶著有點靦腆的笑容，她說：「之前在大學上課的時候，因為我先生是巴黎大學博士的外交官，舉止言談總是風趣幽默、談笑風生，上課的方式也都是採取如同美國案例式課程討論的方式進行，大家都覺得很特別很有趣，所以在當時很多學生都很崇拜這位老師。

「不過大學時期我並沒有與老師有任何私底下的交情，因為這場謝師宴，才又有機會遇見老師。那時候老師問我：『那在等待受司法官特訓的這段時間，妳有什麼打算呢？』我說還沒有什麼想法，於是他就引薦我去擔任當時高院院長李學燈先生的書記官，幫李院長處理外文書類工作，一做就是將近半年。」

在這段時間裡，陳孟瑩法官才開始與她的先生漸漸地熟絡起來，偶爾一起碰面吃頓飯，不論是在工作上或是許多生活的細節上，她的先生都給她許多的建議和分享，兩人感情逐漸升溫，進而交往。

在高等法院服務半年以後，陳孟瑩法官進入司法官訓練所受訓。因為先生是外交部禮賓司官員，所以假日時陳孟瑩時常有機會一起出席參加外交官們的聚會，也從那時候才開始漸漸了解外交官的世界。司訓所的同學們對兩人交往的事大多都是知道的，但她始終沒有讓娘家的人知道這個消息。

直到有一天，她和先生去約會看電影，非常湊巧地在看完電影人群散場的時候，她的妹妹撞見了他們，兩人交往的事，瞬間在家裡造成了一場大風暴。陳家在基隆算是世家，但她與先生兩人的年齡差距二十餘歲，更成為障礙的是，她的先生過去還曾經有過一次婚姻。

「我的父母親非常緊張，我父親甚至找來了雙方都認識的律師友人，軟硬兼施地壓迫我們分手，而我母親甚至要我去留學，連司法官受訓都不要了。但是我強烈堅持，既然選擇走了司法官這條路，說什麼我也不會輕易放棄。」就這樣，陳孟瑩法官的父母親最後只好妥協，採取緩兵之計，暫時先同意兩人訂婚，看看情形再說。

訂婚以後，她先生與娘家的關係還是很緊張，但沒多久，她先生就受命必須外派至中美洲尼加拉瓜，兩人遂決定結婚一起共赴外邦，而向娘家提出了結婚的請求，這又掀起了另一波更大的衝突，因為，儘管她的丈夫對她百般體貼，但家人心中仍然未能接受這個準女婿。

「當時全家人都非常地不諒解，我覺得我爸媽真的氣炸了。那天回家之後，全家人包括我的弟弟妹妹們，就這麼坐在我家二樓大客廳等我談判，堅持要我們分手，我不肯，或許這真是這輩子以來最叛逆的一段日子。我爸媽氣得甚至一度軟禁我，把我關在房間裡，他們說：『妳連司法官都不要當算了。』

「其實我知道他們是因為捨不得我，怕我吃苦受委屈了，也擔心我還太年輕，無法承受如此大的社會壓力，我所有的親友們，都強力地對我不斷遊說著。」

但是陳孟瑩法官不論是對於自己的感情，或是對於司法工作，都強烈地表現出不隨意受人左右搖擺的決心。特別在民國四、五〇年代，這樣的堅持更透露出，當時那個堅強、青澀又帶了幾分小小任性的女孩，以無比的勇氣捍衛自己認為正確、值得的事。

為愛走天涯——「私奔的浪漫」

「由法國女明星李絲麗卡儂所主演的電影《金粉世界》宛如我另一階段人生的預兆——青澀蛻變成彩蝶，沒想到也因這部片子，竟掀起了我生命中的另一波大風暴！我們的感情當時不被家人接受和祝福，我心裡很難過，但我的堅持不會改變，所以就在某一天，我將爸爸送給我慶祝考上司法官的禮物OMEGA金錶放在家裡桌上，就這樣不帶任何衣物離開娘家。」

說到這裡，我們聽著心都忍不住揪了一下，瞪大了眼睛看著陳孟瑩法官，一切彷彿就像是連續劇般的情節，實在很難想像就活生生地發生在眼前這位美麗優雅的女法官身上。

「我的婚禮在天主教堂舉行，典禮後在飯店舉行酒會，可是新娘的來賓只有二十來位司法官訓練所的師友，一場沒有家人祝福的婚禮，真是有夠悽涼。我的母親因為太生氣了，不准所有的家人參加，也不准我通知所有親戚朋友，當時我只偷偷請一個從小一起長大的好朋友來見證我的婚禮，本應該是滿受幸福喜悅和祝福的新娘子，內心卻充滿了無法對外人哭訴的悽涼失落。十幾天後，我們離開了台灣。」

在民國五十年代，陳孟瑩法官決定為愛與丈夫遠走他鄉。雖然司法官訓練還有約半年左右的受訓時間，但一方面考量到因為外交官的工作亟需夫妻共同協力，另一方面也不希望新婚夫妻兩人分隔兩地，為了丈夫，她先暫緩了受訓，計畫將來回到台灣再申請補訓。

從此，陳孟瑩法官從一名準司法官搖身一變，展開了完全不同的外交官夫人生涯。她跟著先生由駐尼國公使代辦，調任我國駐聯合國公使銜參事，而後又前往非洲，出任駐加彭大使，一路從中美洲尼加拉瓜飛到美國紐約，再從美國飛到世界另一端的加彭。

在這段旅外的日子裡，陳孟瑩陸續擁有了兩個可愛的女兒，也從妻子蛻變成為一個母親。當陳孟瑩法官隨丈夫結束了駐加彭的任務後，全家人再度回到台灣。在當時民風保守的年代，她為愛情勇敢地做出選擇，付出了青春年華，隨著丈夫踏遍世界各個角落，一路相隨，鶼鰈情深。

「現在想來，可能是那時候小說真的看太多了，所以對愛情充滿太多憧憬了，才會反應這麼強烈吧！」她淡淡地說。

陳孟瑩法官認為她的經歷也影響了她對女兒感情觀念的教育，或許為人父母者也應該敞開心胸，試著理解兒女心裡的想法，尊重孩子的選擇，不過度地干涉或限制，或許反而更能得到彼此真心的交流。當然也應該讓孩子從小學會做「正確的選擇」，父母親從旁適度地關心與保護，才是親子間正面相互成長的良好模式。

從「外交官夫人」角度看世界

「我先生是一個非常體貼的人，當時外交官的薪水並不如大家所想的那麼優渥，但我們約會時，我先生還是會在能力所及的範圍內，帶我去高級餐廳；因為他以前曾經當過外交部禮賓司職務，所以對於禮儀規範及外在的穿著打扮也都很講究。他常常會在逛街的時候告訴我，他覺得什麼樣的風格比較適合我、什麼樣的穿搭比較好看等等，培養我的自信心。

「我先生曾告訴我：『人不只是要懂得自己看自己覺得美，要從別人的眼裡看你覺得你是美的，這樣才是真的美。』不論他到哪個地方出差，都一定會為我帶一些適合的提包、衣服、香水等禮物，十數年來如一日。

「在夫妻相處上，我們互相尊重、不過度干涉彼此，經濟上一切都是公平分配，他真的是一個高雅又有品味的人，溫暖、成熟、穩重。臉上那兩道濃黑的劍眉，讓人很難不注意他。我從他的身上學到非常非常多。」

陳孟瑩法官在進入外交官夫人的世界後，一切與她原本在司法官訓練所學習的知識是完完全全不一樣的。一路隨著丈夫東奔西跑四處遷移，每個地方都有很多需要學習的地方，從學習西班牙語、法語、穿著打扮、應對進退到了解各國不同風俗民情和禮儀、習慣，她處處小心翼翼地學著，生怕自己一個行為不妥當就有損我國在外的形象。

「外館的館長夫人也代表了國家，所以做事都要萬分小心。活動真的很多，白天官方民間活動，下午開始，通常都是先有下午茶，然後在接近傍晚的時候有一個酒會，之後約晚上八點以後才是正式的晚宴，最後還有一個讓大家閒談社交的時間，必須要一直等到主賓站起來表示要離席了，整個程序才算結束，大家才可以離開。

「正式的晚宴通常一桌都有十二到二十四人，用餐的時間、順序、酒類、菜色、杯盤、刀叉以及如何表現國家特色，樣樣都很講究，也有很多規矩，比方說像坐的位置，必須嚴格按照身分跟輩分性別來排，絕對不可以坐錯的。

「至於晚餐結束之後的交誼時間，男士們通常會到另外一個小客廳去抽菸、喝酒，夫人們就聚著一起閒聊。」頓時我們的腦中浮現出宛如電影中的上流社會晚宴場景。

「最累的是舉行正式晚宴，這幾乎是各個使館角力的重心，所以女主人無不花盡心思，籌備接待、佈置、餐飲、訓練傭人，晚宴時還要扮演嫵媚動人、風趣貼心的女主人，不時眼觀四方注意細節，生怕招待有何差錯。而賓客又是法語、英語、西班牙語雜陳，有時是雙方都不懂的語言，一個晚上四五個鐘頭下來真是累得幾乎站不起來，但熟悉以後也就得心應手，三五十人的宴會都可以輕鬆自在。

在到不同國家之前都要重新仔細地學習各個國家的禮儀，明瞭當地的風俗習慣，注意當地的禁忌，就連打招呼、

江大使夫婦與海地共和國政要合影。

握手、擁抱、吻手禮的方式，都各有學問，交談時什麼事可以多說，什麼是當地忌諱的話題，這就只能靠著自己平時累積的經驗隨機應變。

「當然也還是有些不習慣的地方，就好像我到現在為止，都還是很討厭喝咖啡。在國外的時候，我喝過了各式各樣稀奇古怪的咖啡，不是一般大家現在市面上喝的那些，有的國家的喝法是還含著咖啡渣一起喝的，我本來就不是很喜歡咖啡，但那時忍著喝了許多奇奇怪怪的咖啡，真的沒辦法喜歡咖啡，直到現在過那麼久了還是一樣。」當陳孟瑩法官和我們分享著外交官夫人的時光時，臉上滿溢著幸福的笑容。

當我們問起，是否有因為這段外交官夫人生活所受的訓練而對之後審判工作上有所影響，陳孟瑩法官說，外交官社交生活的經驗的確對於法官工作有所助益，主要就反映在「觀察人」的能力上。

一個人是否有心機、有無故意誤導、曲解、誣陷或閃爍的言詞，只要仔細聆聽他所說的話，憑經驗法則來判斷他的言詞是否有匿飾增減很快可以分辨出來，這一點在開庭時很有用處。

陳孟瑩法官表示，因為她出國當時還算年輕，很多其他的夫人都比較年長，加上她又是一個續絃的妻子，難免需要學會應付人們的流言蜚語。她談到自己和其他各國外交官夫人交往的時候，也發生過明爭暗鬥的場面，因為在外自己也代表了國家，凡事都應該注意到國格和國家利益，該要嚴辭相向時絕不能退讓。

陳孟瑩法官說，不論身處在悠閒浪漫的中美洲國家，或是最多金繁華的都市紐約，抑或是草長得比人高的非洲國家，同樣都可以交到很多人生的好朋友，在旅居國外的生活中得到當地人熱心幫助和關懷，使她深深感受到人情的溫暖，不論在文明極致的社會或草莽荒煙生活，人性本質無甚差異，她始終相信人性本善，人性尊嚴應予謹慎地維護，法庭上對人的評價不應僅因身分地位的高低而影響判決應有的品質，所以她在審判時對人權特別在意，並認為這也是所有司法人員一生職業需要學習的功課。

從天堂掉落人間的巨變

從加彭回台灣後，陳孟瑩法官以實習補足了受訓，開始了法官生涯，民國六十一年又奉命外派至海地，於是全家人又舉家搬到另外一個全新的國度去生活。但她卻沒想到，這一次竟然是最後的外交官夫人生涯，民國六十五年間她先生因心臟病猝然逝世於海地，原本美滿的生活，頓時劃下了句點。

她喪失了依靠，當時，大女兒是十四歲，老二才十歲，最小的兒子只有三歲半。一夜之間，變成了一個單親媽媽，如同鄉土連續劇般急轉直下的情節，就這樣活生生的發生在她身上。她身處異地，堅強地帶著三個孩子，收拾行囊，扶棺回到台灣。

「我知道我沒有悲傷的空間，我只感覺到麻木，每天食不知味，全部的心力只放在工作，還有養育我的孩子身上。」陳孟瑩法官回到台灣的第一件事，再度回到法律工作崗位。

「當時一切有太多的事情等著我去做，根本沒有時間自艾自憐。我忙著怎麼當一個母兼父職的媽媽，我忙著如何在工作與家庭找到平衡，我忙著讓我那和中文教育嚴重脫節的兒女們趕上進度。」回國後開始擔任民事庭法官，就這樣一邊工作一邊顧著孩子，她往往是忙完家務和小孩的功課後，夜裡九點開始挑燈寫判決書，一直工作到凌晨兩三點，一天算下來只能睡三、四個小時，這樣的日子，熬了五、六年。

那個時候，出國開會的機會很少，對於工作上也有很大的幫助，十分珍貴，但為了孩子，她對許多出國的機會都逐一放棄了。直到孩子漸漸長大，工作也穩定了，這時她才推展工作範圍，開始在外面演講、參加社團活動。

人生突如其來的巨變改變了她的一生，我們好奇地問陳法官，對於過去華麗的生活是否曾感到眷戀或是不捨？「一點也不。我明白人什麼時候在什麼位置上，就該做什麼事。凡事我都很重視分寸，所謂的分寸也就是，適當地處理自己、適當地拒絕、不是屬於你的東西就不應該奢求。不同的環境、不同的身分，應該要懂得自我要求。現在我拿這份薪水，我覺得我付出的努力很對得起自己良心，無愧於社會，這樣安分守己的生活，我感到很滿足了。」

陳孟瑩法官就是這麼樂觀、堅強。「其實在經歷過這些之後，現在對於奢華的物質享受，像浮雲一樣，已經遠離我的世界，也算是看破紅塵啦！他人之物，不上我心。」她在工作上勤勉盡責，在生活上追求心靈的平和，於公於私，都量力而為，不作過度的奢望，每天生活得自然、開心、自在。

「別人的尊重是因為我自己的作為而來，並不是別人給我的。」這就是陳孟瑩法官守身自愛的生活態度。

了解「愛」的真諦

其實支撐陳孟瑩法官度過喪偶期間最大的支柱，就是她的娘家。「在我當初和丈夫結婚然後離開台灣，都一直沒有和家人聯絡，但是在抵達尼加拉瓜後大概兩個多月後的某一天，我收到了一封信，是妹妹寫來的，她特地到外交部找到我們的地址，來信跟我說，爸爸媽媽非常想念我……」就是這麼一封「原諒」的家書，融化了她的心，想起了當時自己義無反顧地離家出走，頓時熱淚盈眶，聽到這裡，連我們也都忍不住有點鼻酸。

陳孟瑩法官說，這時她才真正明白，家人因為對她的愛，所以選擇了屈服，也選擇放下了自尊心，只希望女兒可以幸福快樂。

之後娘家與先生的關係就好了許多。陳孟瑩法官說，她先生對娘家人始終也都很好，她先生曾說：「我從小就沒有了父母，妳的父母對我而言也就是我的父母。」每每到娘家探望，她先生總不忘貼心地帶上家人需要的禮物，娘家人也慢慢敞開心胸接納了這個女婿，甚至到最後，娘家的人無一不是對這個女婿讚譽有加。

娘家無論在實質上或精神上，對陳孟瑩法官都輔助良多。出差的時候，弟弟妹妹輪流來幫忙照顧孩子；偶爾和孩子爭執不愉快時，也是由做阿姨的妹妹出面來居中調解一番。

「孩子小的時候，我怕家裡太女性化，總是請我弟弟有時間就過來，帶孩子們出去玩，充當父親角色。寒暑假也會帶著孩子去外公外婆家住幾個禮拜，讓孩子人格平衡一下！」陳孟瑩法官說，她曾經問過孩子，沒有爸爸會不會覺得很遺憾，孩子們總是不猶豫地告訴媽媽說「不會啊！」讓她感到十分地欣慰。

陳孟瑩法官說，後來她漸漸明白當時母親的期待，是在媽媽的眼裡陳孟瑩法官就像是另一個自己的反射，這種感覺，在她自己成為人母之後，也深深地更加能夠體會。

回想起一切，當初她會與丈夫相遇結緣，還是緣於爸爸所辦的那場謝師宴，也可算是爸爸的牽線，才讓她遇見了一生的真愛，緣分就是這樣奇妙地牽連在一起，看似就要分離，轉眼卻又黏得更緊，因為家人，讓陳孟瑩法官充分地了解「愛」的真諦，娘家人為她所做的讓步和付出，看在眼裡，溫暖在心。人生中有多少人來來去去，唯獨家人的愛，是最最珍貴的寶物，也是永遠無法被抹滅掉的連繫。

孩子是一生最好的朋友

陳孟瑩法官善加運用自己的生活條件，努力給予孩子一個健全的人格養成環境，也不忘一肩扛起父親的角色，該嚴厲的時候也不會過分溺愛，三個孩子的學校教育均如願完成，目前分別任職經濟部和外商銀行，在各自的所屬領域內也都有十分良好的表現，他們是讓陳孟瑩法官最感驕傲的三個寶貝。

「我一向很注重養成他們的品味，偶爾會帶孩子去高級的場所，也重視他們的儀態跟穿著，畢竟他們的爸爸過去是一個外交官，我希望他們多多增長社會見識，培養合宜的形象和有禮的舉止，不是只會死讀書。不過這些開銷前提當然都是在我能力所及的範圍內。」

她對孩子的關心除了精神方面，也希望他們能夠培養像爸爸一樣優雅的品味和生活的態度，「現在我們家女兒都還會反過來批評我說，我哪天怎樣穿得不好看、怎樣的行為有些超過之類的呢！哈哈！」她滿足地笑著說。

她談起自己對孩子的要求，第一個就是「獨立性」，她希望孩子都能夠養成獨立的性格，學著自己照顧自己，凡事不要習慣依賴他人，要有能力適應環境並且可以生活得很好；第二個是「健康的身體」，她十分重視小孩的健康保健，「以前我自己在念書的時候，那時候不像現在那麼方便，常常餓著肚子念書，也都不在意自己的身體，直到司法官放榜後發生暈眩的後果時，我才知道身體被自己搞壞了，健康還是最重要的，畢竟是一輩子的事。」因為孩子一向都很用功，所以平時她都會儘可能注意小孩的飲食，補充充足的蛋白質，念書才有體力。

此外，她對孩子的第三個要求是——享受權利也要相對盡義務，「儒家提倡孝道是子女回餽父母養育行為的具體行動。子女回報父母的關愛是增加家人感情的互動，培育出來的新生代不會自私，不會只以自我為中心，會養成關懷自己以外人的習慣。所以我認為父母不應該對子女完全不求回報地奉獻，否則只會養出一批冷漠、驕縱，自我中心的下一代。」

談起家裡的三個小孩，陳孟瑩法官說她不會過分要求孩子人生一定要選什麼方向，不論是學業或感情世界，都尊重他們自己的想法和選擇，關心但不要過度操心，讓彼此多點空間，孩子的成長更快樂，親子間的相處也融洽。

她相信每個孩子都是特別的，只要用其所長，發揮自己的優點，就可以找到屬於自己的一片天地。她也從小教育孩子們在手足之間應該要彼此互相照顧，彼此友愛並珍惜對方，這也是在體會親情的溫暖後深刻的感觸，希望小孩可以體認到，家人的愛是無可取代的。

在對子女的管教上，陳孟瑩法官說，她自己也是經過反覆的調整、學習，努力訓練自己不獨斷，和小孩之間的相處要親近，讓小孩去多接觸不同的觀點，自由發展，父母要學習尊重小孩子的能力，不宜過度施壓、干涉，否則往往會造成反效果，親子之間的相處變得緊張，孩子偏差的行為可能更被激化，這樣並不是良好的循環，倒不如學習傾聽，做孩子親近的朋友，而不只是一個高高在上的長輩，許多的少年犯罪問題，或許早在發生之前，如果家長能夠給予關心並試著做傾聽的對象，就不會發生這些社會問題了，這個認知陳法官在擔任少年法庭法官處理少年案件時，有更深刻的體會。

「工作」是家庭之外的第二個驕傲——少年法庭的大家長

陳孟瑩法官早年豐富的閱歷和人生經驗，為她日後的審判工作帶來了重要的影響。從最初在台北地院擔任民事庭推事（即現在的「法官」），而後調任少年法庭推事，歷任桃園地方

任少年法庭庭長時，接受《華視新聞雜誌》專訪，並為該期之封面人物。

法院民事庭庭長，又回到台北地方法院接掌少年法庭庭長，嗣升遷為金門地方法院院長，爾後擔任高等法院刑事庭法官，直到退休，陳孟瑩法官最津津樂道的，莫過於在少年法庭擔任法官的日子。

「少年法庭可以算是司法界的異端，因為它不同於一般犯罪審判完全依據法條做判決和懲處，更重要的毋寧是對於少年犯後的輔導、教化，讓他們能夠再度回到社會。」由於她過去曾有修讀過兩年社會學系的課程，因此更能夠以具備社會學的知識並輔以社會關懷的角度，來看待、處理這些少年犯罪事件，陳孟瑩法官指出，少年法制是司法史上劃時代進步的法律，充滿了人性和教育的精神。

由於人權觀念的進展及家庭子女出生率降低，也基於一九八九年聯合國兒童權利宣言，處理少年犯罪的刑事政策是以兒童最佳利益為優先考慮原則。處理少年犯罪案件不同於成年刑事案件，只著眼於行為犯何種罪，該當何種處罰的嚴厲冷漠的刑法，少年法制改採保護優先主義，降低刑罰色彩，保護少年人權，加重個別處遇措施，對犯罪少年的教育及輔導要兼顧到孩子的生活以及將來的發展。

這種富於人性，溫暖的矯治教化，符合了現代法律思想——法律社會化及教育化的原則，使司法工作者充分發揮提升社會品質的使命感，並可從工作中看到成果而樂在其中。正是這個能充分發揮愛心的工作，讓陳孟瑩法官寧願捨棄升遷調動也不輕易離開少年法庭，前後擔任少年法庭法官、庭長達十餘年之久。

除了平日繁忙的例行工作之餘，陳孟瑩法官更積極地推動少年法庭改革及績效的推展，身體力行地參與少年輔導工作。在她的主導下，動員警察大學以及大專學生擔任犯罪少年的輔導員，在寒暑假舉辦冬、夏令營，平時有各種有益身心的體能活動、合唱團，為少年父母舉辦親職教育改善親子關係，當時少年法庭觀護室所輔導的犯罪少年有兩千多人。

「那時少年法庭除了審判部門外好像是個中型的學校，活潑異常，不論是觀護官、大專輔導員或擔任志工的榮譽觀護人，大家都很有幹勁！」陳孟瑩法官對這些活動津津樂道說著，正因為台北少年法院的活動成果輝煌，幾年後還催生了南部首座少年法院。

此外，讓在學的大學生充任少年法庭的大專輔導員，得到結合理論與實踐的機會，對他們來說也是意義非凡。「記得我的二女兒在念台大時也曾擔任大專輔導員，長期充當受輔導少年的義務家庭教師，讓那孩子如願升學，她畢業後申請美國大學碩士班入學許可，少年法庭的邱觀護主任給她寫了推薦函，陳述她的輔導事蹟，沒想到這封信使美國校方印象深刻，回函給邱主任稱許輔導工作是一項極有意義的社會工作，並請邱主任以後多推薦有這種經驗的學生。她也因而順利地進入波士頓的麻省理工學院。」由此可見，少年輔導工作在國外是多麼地受到重視。

「在少年法庭開庭時，帶到我面前的孩子看到我的時候，往往天真地不知道該如何稱呼我，有的叫我阿姨，有的喚我老師，但他們本來不應該認識我的，無憂無慮而正常的生活才應該是屬於他們的。」

為致力於防止少年犯罪及犯後的輔導工作，陳孟瑩法官曾推動擴大榮譽觀護人的聘請，積極地要求教育局請各級中學及職業學校之輔導主任、老師，來擔任少年法庭的榮譽觀護人，負責照顧在各該學校就讀之受保護管束學生，並且要求學校與老師絕對不能洩漏學生犯罪之前科資料或以其他不正方法迫使學生轉學，此項方式之成果豐碩可觀。

同時更廣泛地徵求愛心志工幫助孤苦無依的犯罪少年，或對被關在輔育院或觀護所中，長期未有家人探視的少年，以類似「認養」的名義給予其適度的關懷，讓他們仍能感受到人性與社會的溫暖。為了要使輔導工作更加完美，陳孟瑩法官每年還聘請十數位相關科系的知名教授來擔任少年法庭的指導教授，定期舉辦個案工作研討會，以適時修正、加強輔導之進行。此外，在打擊犯罪方面，也都有相關顯著的成效，有效地遏止安非他命流竄校園，黑道幫派入侵國中、職校。正因為她在少年事件工作得有聲有色，遂贏得「少年大家長」的美譽。

「這些，就是結合了教育、社會學、社會工作、法律的司法，我喜歡並享受這份工作，而且我希望自己可以抱持著熱忱一直做，退休後我擔任專為幫助犯罪少年的少年友愛基金會之董事長職務，也是延續一貫的青少年工作。」

一般法官給人的感覺總是冷酷、嚴肅，但陳孟瑩法官卻是這樣的充滿愛意與平易近人，特別是當她談著在少年法庭處理案件的經驗，眼神中流露出的，不是一個高高在上、威權嚴肅的法官，反倒像是一個慈藹的母親，在法庭上聽著這些孩子的故事，一面惋惜著他們犯下的錯誤，一面感到不捨。就是這份不捨讓她無怨無悔，投注心力，致力拯救誤入歧途的蒙塵的幼小心靈。

理性的法律與愛的調和

一般人對法官的感覺是冰冷、刻板、不通人情，擔任了三十多年法官職務的陳孟瑩法官提出了另外的看法。

她說司法對法官的要求是：謀事忠、律己嚴、認事明、用法平，換句話說，工作的基本要求是認真負責，不能懈怠；生活的本分是嚴守分際，循規蹈矩、不隨流俗浮沉；工作的內容是明辨真偽，掌握證據、還原事實真相，以便確定行為責任的歸屬，不會有冤抑的發生；最後下決定時不固執、無偏見，以一顆坦蕩蕩持平的心適用法律，實現公平正義。貫穿這一切的理念只有兩個字——「理性」。

所以，大家常只看到法律人理性的這一面，事實上理性的基礎是溫暖的人本精神，人生活的根本應該是善良真

上電視節目討論司法改革問題

誠，法律人的責任就在維護人類的尊嚴和權利，讓每個人都能夠在平和溫馨而有愛的環境中順心生活。

她還舉例說，「法律的工作對法界的家庭帶來很好的正面影響，一直到今日，台灣法界的家庭組織普遍比較穩定，很少聽到離婚情事發生，原因或許是生活規律，大家較為理性不衝動，少情緒化的衝突發生，大家也尊重彼此的權利，所以家庭和諧，享受溫暖的家庭生活。可見法律深深掌握了人性，維護了人生最需要的愛。」

從陳孟瑩法官的分享中，使我們了解法律不只是僵硬的模板，把每個人硬塞到一個小框框裡，其實更是為讓我們的生活維持著使彼此互相尊重的最低標準。

法律是為「人」而存在，人才是這個體系下最重要的主角，人本思想從古至今，不分國內外，一直都是形塑社會的重要推手，唯有融合了人與人之間的愛，而與理性的法相互調和，才能使社會和生活更加美好快樂。

對於陳孟瑩這個名字，我們從陌生，到漸漸了解她的故事，就像讀了一本精采絕倫的小說，也讓我們看見了一位成功的女性背後所經歷的磨練和考驗。她是這樣的樂觀又開朗，相信人性的光明面，做事勇敢堅決卻又不失柔軟彈性，為了自己所執著的夢想，為了實現司法正義的理想，始終努力做到最好的自己。

她是一個貼心又有點小叛逆的女兒、一位明理和藹的母親、一位溫柔賢淑的賢內助、一名嚴守分際但又深具愛心與社會關懷的法官，在多重的角色之間，拿捏得恰如其分。用她豐富的一生，為社會帶來正面的力量，也為社會大眾塑造了一個優良的典範。

【本文作者】**沈冠伶**

- 一九六八年生，司法官特考、律師高考及格。
- 曾執業律師一年餘，一九九五年獲DAAD全額獎學金赴德攻讀博士學位，一九九九年獲德國海德堡大學博士學位。
- 現職為台灣大學法律學院專任副教授。

柯芳枝

——是經師，更是人師

【本文作者】莊淑君（曾任律師）

柯芳枝

一九三七年出生，國立台灣大學法律系司法組畢業，律師高考及格，曾任國立台灣大學法律學系教授、美國州立華盛頓大學法學院研究員，現為國立台灣大學法律學院名譽教授。

對學術論著的執著

二〇〇二年盛夏，炙熱的陽光從數千百片玻璃做成的屋頂灑下，大英博物館裡熙來攘往、人聲雜沓，來自各國的遊客無不被博物館裡琳瑯滿目的收藏品吸引了目光，而在博物館Great Court閱覽室的一角，柯芳枝教授仍專注地寫著《公司法論》的改版序文。

柯老師難得與家人一同遊訪英國，探視正在愛丁堡大學攻讀碩士的次子，卻仍心繫二〇〇一年十一月公司法已大幅度修法，自己的著作尚未隨修法後的現制予以增訂，惟恐改版時程稍有遲滯，耽誤莘莘學子參考與學習的進度，暑假訪英期間一得空仍不斷進行著《公司法論》的改版工作。

從一九八四年柯老師撰寫的《公司法論》出版迄今，隨著我國公司法法規內容的增刪修改，《公司法論》一書前前後後已改版近十回，這本書更成為研究公司法法制最廣為人知的重要書籍之一，縱然現在柯老師已自杏壇退休，眼力也大不如前，柯老師仍堅持拿著放大鏡逐字閱讀相關修法資料，並親自修改書中內容以配合現制，同為法律人的兩個兒子好意地想勸她停止修訂工作，還半開玩笑地說：「哪有人出一本書要一輩子負保固責任的？」但柯老師語氣堅定地說：「這本書就像是我在學術上的小孩，只要我還能夠寫，我就會繼續地寫下去。」

柯老師遊英國。

家族紛爭，改變志向

柯老師於一九三七年在台中出生，是殷實商人家中的長女，父母親雖然並沒有受過太多的教育，但對子女的教育非常重視，柯老師亦不負父母親的栽培，從小功課都非常優秀。回憶起初中高中在台中女中求學的階段，柯老師記得不論是文、史科目還是數、理課程，她都很有興趣，不過她特別喜歡數學課中那種充滿挑戰性、經過腦力思考激盪的解題過程，所以在高二分組時選擇了理組，一直到高三時，因為家族裡發生的一件糾紛，偶然地改變了她的志向。

柯老師記得是母親那邊的長輩中風驟逝，長輩家中的經濟大權旋即被他續絃的年輕妻子掌握，而長輩與前妻所生的兒子剛好當完兵回家，還沒找到工作，暫時仰賴父親給予經濟援助，在父親過世後馬上就喪失了生活費用來源，某日有人來還之前向這名長輩借的借款，長輩的兒子心想這是父親留下的錢，我也有份，就出其不意地自繼母手中把錢搶走，繼母大怒之下便一狀告進地檢署，長輩的兒子便被檢察官以搶奪罪起訴了，這宗案件經過法院好幾個月的審理後，最後是以遺產是繼承人所公同共有，搶自己的錢並不構成搶奪罪為由，判決長輩的兒子無罪的結果收場，但柯老師的母親已經為此年輕的親戚擔心憂慮了好一陣子。

「柯老師心想，如果當初有懂法律的人在偵查階段，就指點這名親戚以法官判決無罪的理由辯護，說不定就不會被起訴，也不用經過法院審理期間的煎熬；她又想起曾有老師說過：『人一生中要有一位醫生朋友及一位律師的朋友，前者可以照顧我們的身體，後者可以保護我們的權益。』身旁的同學朋友都沒有人表示要學法律，求人不如求己，不如我自己來讀法律好了，將來也可以成為保障別人權益的人。因此，柯老師在以優異的成績自台中女中畢業而可以保送台灣大學時，捨棄了當時人人稱羨的醫學系，而改以法律系司法組為第一志願，自此開啟了她研究法律的大門。」

面對挫敗，毫不氣餒

一九五六年秋天，柯老師進入台灣大學法律系就讀，在學期間亦表現出高度的學習熱忱，像是當時教授親屬繼承法的陳棋炎教授教學非常嚴謹，修習陳教授課程的學生都可以獲益良多，不過陳教授對學生的要求很高，未達其標準者大多被當掉，同學們都很害怕慘遭當掉重修之不測，但柯老師認為在陳教授高度要求的壓力下更能激發出學習的動力及潛力，反而樂在其中。

陳教授對於柯老師的表現亦印象深刻，之後陳教授更是召集一些成績優秀的學生如前司法院院長翁岳生、前最高法院院長吳啟賓及柯老師等人組成讀書會，特別指導他們研究學問的方法，像是在當時極為新潮、走在時代尖端的「人工授精」問題都曾成為讀書會裡討論的議題，陳棋炎教授更是日後引薦柯老師留校擔任助教的重要推手，對於陳棋炎教授的提攜之情，柯老師至今念念不忘。

柯老師就讀台大法律系時，許多同班的男同學於在校期間便積極準備司法類科高等檢定考試，以期在大學畢業前就能參加律師、司法官等國家考試，女同學間雖然沒有類似的風氣，但柯老師父親的一名警官好友見柯老師在校成績優異，便一再鼓勵她參加檢定考試，柯老師因而在大二下學期的春假期間參加了高等檢定考試。考試科目分別為國文、三民主義、中國歷史、民法及刑法總共五科，初學法律才一年多的柯老師竟除了國文之外，其他科目都及格了。

回憶起當初國文沒有及格的原因，柯老師記得是因為國文只考作文，而那年的作文題目是「評論中共人民公社制度」，身處於白色恐怖年代，柯老師為保持思想純正，從不碰有關中共的報導，對於人民公社到底是什麼根本一點都不懂，更遑論好好地長篇大論一番了。雖然第一次報考高等檢定考試沒有通過，但柯老師並沒有因這樣小小的挫敗而感到氣餒，反而積極檢討自己落榜的原因，之後便每天認真閱讀中央日報的社論，特別針對國文作文內容預做準備，隔年捲土重來參加該項資格考試，當然是順利地通過了。

一九五九年柯老師還是大學三年級學生，雖然已經修過較多法律課程，但律師高考的考試科目中，仍有中國法制史、強制執行法及破產法三科是屬於大四時才會修習的課程，為了準備高考，柯老師在放暑假前，就已先向大四學姐們請教前述三個科目教授上課的內容以及所使用的相關教科書書單，更特別請教當時已考上高考的同學翁岳生準備考試的方法，暑假期間即留在宿舍裡準備考試。

在舉行高考的前幾天，台灣中南部遭受史上空前的大災難「八七水災」，南北交通中斷，但考試仍如期舉行，柯老師雖然擔憂在台中老家的父母弟妹及其他親友受災的情形，但仍要求自己先專注於眼前的重要考試。

放榜後，柯老師以優秀成績上榜，當年同榜的還有同屆法學組同學陳計男（之後成為柯老師的妹夫，前大法官），及同校下一屆的學弟林永謀（亦為前大法官），因為當年能在求學期間就考上高考的女生非常少見，柯老師可能是首例，所以當柯老師上榜的消息傳回學校，宿舍的女工友們高興地說：「我們女生宿舍終於有女學生在大學畢業前考上律師，不再讓男生宿舍專美於前了。」還興奮地在女生宿舍前燃放鞭炮慶祝。

提拔之恩，感激在心

柯老師的父母親一直期盼離鄉求學的柯老師能在畢業後回到故鄉，而父親的警官好友也已熱心地替她找到可以讓她實習的律師事務所，所以柯老師大學一畢業隨即回到台中，在警官叔叔及父親的陪伴下，拜訪已安排好要指導柯老師實習的資深律師，豈知資深律師雖然是位謙謙紳士，待人非常親切，但律師太太卻表現出不太友善的態度，言談之間可以聽出她反對柯老師到先生事務所實習的事，返家後，柯老師及父親都覺得不適合去那家事務所實習，也沒有認識其他律師可以詢問實習的機會，不得已的情況下，只好對當律師一事打了退堂鼓。

這時，柯老師想起在畢業前夕，陳棋炎教授曾告訴她系上有個助教的缺額，詢問她有沒有意願留在學校當助教，柯老師雖然對於這個繼續研究的機會非常心動，但囿於親人之前已先安排好返鄉實習的事，只好把實情告訴陳教授而婉謝了這個機會，現在既然不想當律師了，當然要好好把握住這個難得的機會，在徵得父母親的同意後，柯老師旋即北上向當時的系主任韓忠謨教授表達擔任助教的意願。

事後才知道，這個以助教培養師資制度創設於一九五〇年左右，是當時的台大校長傅斯年考量來自中國大陸的師資來源已斷絕，後續的師資需要靠自己培育，所以決定讓各系畢業生中成績最優秀的學生留在學校擔任助教，主要是從事學術研究工作為將來授課做準備，並處理部分的行政事務。

柯老師既然是當年法律系第一名畢業的，又剛好夜間部有個助教缺額，便循此助教培育師資的制度，於一九六〇年八月成為台大法律系的助教，柯老師也是繼張甘妹教授、施綺雲教授之後，第三位成為台大法律系教員的女性，之後亦順利升等為講師、副教授、教授，直至二〇〇二年七月退休，翌年並獲聘為名譽教授。縱已經過四十餘年，每當憶及這段留校任教的往事，柯老師對於陳棋炎教授的熱心引薦及韓忠謨系主任的提拔之恩，依舊是充滿感激。

立志研究商事法

柯老師思慮周詳且堅持不懈，對於應該完成的工作或目標無不全力以赴，這從她決心研究公司法等商法領域的過程可見一斑。決定留校擔任助教後，首先要思考的是研究方向及之後要教授的科目，柯老師當時心想，陳棋炎教授這麼用心地引薦我回學校擔任助教，無非是希望我當他的弟子研究身分法，傳承他的衣缽才是。

不過，那時身分法的師資陣容除陳教授外，尚有戴炎輝教授及赴美進修的施綺雲老師，加上戴老師的二公子、也是柯老師的大學同學戴東雄教授，那時正在國外深造，將來也會克紹箕裘，研究身分法的師資可謂是人才濟濟。

反觀柯老師在學習過程中特別感到興趣的公司法及票據法二科目，專任教師只有兩位，分別為劉甲一老師及張國鍵老師，兼任老師只有陳顧遠老師一名，其中張國鍵老師都在商學院等外系開課，而陳顧遠老師年事已高，又身兼立法委員職務，工作相當忙碌，之後也許會辭去兼任教授的職務，系上專門研究商法的師資相對顯得欠缺，再加上當時的台灣工商業活動已逐漸發達，對於公司及票據等的相關法制需求也愈形重要，商法領域的發展應該非常具有前瞻性及未來性，在綜合考量自己的興趣、系上師資的需求及研究領域的發展性後，柯老師便決定要專門研究公司法及票據法，這一決定，也讓柯老師投注了四十年的光陰及心力在公司法及票據法法制體系的教學與研究。

教學初體驗

回想起最初站在講台上的心情，柯老師直言是被趕鴨子上架，非常地緊張。柯老師記得是韓忠謨主任匆匆地走進辦公室，跟她說張國鍵老師因眼疾臨時住院，要請她代課，當時柯老師雖然已擔任助教三年，對公司法的體系架構及內容已小有研究，但是卻從未有實際站在講台上授課的經驗，一下子要臨危受命，實在是要有些膽量，但一想到系上也沒有其他老師可以接手代課，二來這也是自我磨練的好機會，也就硬著頭皮站上講台代了將近一個學期的課。而這幾個月的代課經驗正好讓柯老師實習如何授課，逐漸地，柯老師越來越嫻熟授課的技巧，也越來越能掌握學生的學習理解情形，在柯老師升任講師正式授課時，對於教學工作已能應付自如。

柯老師記得在剛開始教學沒幾年，有一年的謝師宴上有個學生特別向她致謝，她對這名學生並沒有特別的印象，也不記得有幫過這名學生什麼忙，學生才說大三時因為沒好好念票據法，而在學期末考試時被柯老師當掉，這名學生得知票據法被當掉時猶如被敲響一記警鐘，突然意識到難道他就要這樣繼續混到畢業嗎？之後便積極研讀票據法，不但通過補考而不用重修，也更認真地學習法律。

因為這段往事，柯老師對學生的要求一直都很嚴格，因為她相信如果連基礎的知識都不具備，勉強讓學生及格反而是害了學生，讓他們沒有機會好好地研讀這些科目。

雖然柯老師考試給分嚴格，但體系嚴明、條理清晰的教學方式仍吸引了不少學生修課。柯老師認為，學習商事法目的在於應用，如果學生只知國內外的學說理論，卻不知實務運用的情形，學習成效是大打折扣的，所以在課堂上柯老師除了不厭其煩地解釋商事法的原理原則，公司運作及簽發票據須注意的相關法規外，更不時援引介紹最新的實務函示見解，學期末的考試題目更是費心設計實例考題，藉以評量學生對於商事法的運用是否充分理解。

學生們口中的「柯媽媽」

在教學之外，對於學生課堂上不妥的言行舉止，柯老師也都會適當地提醒指正，並無私地分享她的人生經驗，像她在年輕時曾因不諳西餐禮儀而出糗，便特別安排導生會在西餐廳舉行，讓導生大快朵頤之際亦學習正式的西餐禮儀。在導生會上也會和學生分享她對家庭婚姻生活的想法，像是家庭並不是個計較誰付出較多、誰負擔較多的場合，家庭成員應互相體諒才能和樂融融，甚至叮囑女學生日後生產要好好坐月子的重要性。

或許正是這種無微不至的關懷之情，學生們私底下都親暱地稱呼柯老師為「柯媽媽」，而這個稱號也成了柯老師教學生涯中最珍惜的記憶。

柯老師教授的公司法、票據法課程都屬於商事法範疇，除了在法律系開課外，還須支援經濟系、管理學院各系如財務金融系、會計系等系的商事法課程，此外，柯老師也教授外系民法概要及法學緒論等課程，所以在法律系以外的其他院系也開設了不少法律課程，雖然教授的課程繁多，需要花更多的心力準備授課內容，但柯老師不以為苦，反而認為可以在其他學院科系裡傳授法律知識是個難得的機會，能讓更多人具備法律基礎知識正與她當初選擇念法律系的初衷相符，於是更兢兢業業地備課，讓更多不同領域的修課學生都能具備基本的法律概念。經過幾十年的教學經驗累積，柯老師除了不曾在醫學院開課外，其他各學院都有柯老師教過的學生，可謂是名符其實的桃李滿天下。

柯老師認為為人師表，是件十分神聖的工作，所以非常重視個人形象，謹言慎行，連上菜市場買菜都要化個妝、穿著整齊才會出門，家人總嫌麻煩，她卻認為隨時都會遇到學生，老師可不能率性行事，由此更可見柯老師對於身為老師的自尊及負有身教言教的責任。柯老師笑說，有時到銀行辦事遇到之前教過的學生親切地打招呼，那真是當老師最欣慰的時候。只不過，如果在煙霧縈繞的溫泉池畔，聽到這樣的招呼聲反而會讓她困窘不已呢！

二○○二年七月，柯芳枝教授與刑法蔡墩銘教授、憲法李鴻禧教授同時屆齡退休，台大法律學院特別為三位教授舉辦隆重且盛大的榮退演講會，到場歡送的學者及學生無數，台大法律學院讚譽柯老師為「經師、人師」，柯老師自謙地說只是盡其為師者之本分。但自一九六〇年至二〇〇二年的四十幾個寒暑，柯老師將其人生中最精華的時光都貢獻給她所熱愛的教學研究工作，作育英才無數，稱其為公司法界的名師應當之無愧。

柯老師向來樂於鼓勵後進學者並給予建議，自台大退休後，除台大仍希望她繼續當兼任教授外，尚有不少私立大學徵詢柯老師是否願意兼課，她總是一再推辭婉謝，認為自己的體力已不如以往，既然退休了就該安於退休的生活。至於授課的機會應多讓年輕一輩的學者登場，學術界的活力才能延續，柯老師提攜後進之心，溢於言表。

參與「淡新檔案」研究及借調至省政府的難得經驗

雖然柯老師覺得自己的人生際遇平順無奇，多為偶然的機緣所串聯，但事實上應是柯老師凡事盡心盡力的態度，獲得了眾人的信任及肯定，並讓她在教學工作之外，有更多的機會參與系上甚至是政府機關的重要事務，像是進行跨國性的「淡新檔案」研究計畫及借調到省政府擔任委員的經驗。

「淡新檔案」乃是享譽國際有關清代台灣的重要訴訟史料，亦是研究台灣史及清代台灣北部社會情況的珍貴文獻，檔案內容包括了清代台灣新竹縣衙門所保存，自乾隆五十四年（西元一七八九年）至光緒二十一年（西元一八九五年）間的行政及司法文件檔案，並以清光緒年間的文書為大宗，由於清制下的新竹縣在光緒五年設縣前，曾先後隸屬於淡水廳、台北府管轄，所以部分文書原為淡水廳及台北府之文件，之後才移交由新竹縣衙門保管，日本人治台時期稱之為「台灣文書」，之後戴炎輝教授依其內容命名為「淡（淡水廳）新（新竹縣）檔案」。

由於檔案中保留有市井小民提出論告或辯護的狀紙，得以藉此勾勒出當時清代社會基層生活實態，在中國尚未開放的一九七〇年代，淡新檔案是全球研究清代傳統中國社會情況最受矚目的原始文獻，近年來台大更已積極地建立淡新檔案的電子資料庫，讓這份珍貴的台灣文獻能被更廣泛地了解與研究。

能有機會一窺台灣早期歷史文獻的堂奧，柯老師回想起來仍感到非常地光榮。在柯老師擔任助教期間，曾經人介紹擔任來台學習法律的美國人家教，教法深得學生讚譽，之後美國州立華盛頓大學（University of Washington）的學者來台灣從事研究工作時，亦透過語言中心找上柯老師幫忙，這名學者的研究主題是清代的師爺制度，擔任家教的柯老師必須要將文言文的研究題材，以白話口語的方式解釋給美國學者了解，難度非常高，柯老師不但花了許多時間研讀文言文的資料，並用心思考如何運用中英文確切表達出文獻資料的原意，讓美國學者能充分掌握內容，其所投注的心力已遠超出擔任這份家教工作所能獲得的金錢報酬，但柯老師不以為意，仍是盡力完成任務。

後來這名學者才透露來台的另一個目的是代表華盛頓大學與戴炎輝教授合作研究「淡新檔案」，在這樣的因緣之下，戴教授開始讓柯老師接觸這些第一手的史料，在看過這些珍貴的文件後，柯老師認為檔案內容裡有很豐富的法律史資料，非常值得研究，之後也加入戴炎輝教授的跨國研究團隊。在研究的過程中，柯老師總是仔細地研讀著這些文件內容，因為柯老師懂客家話，每當檔案資料內發現客家話特有的用語出現時，都會特別地感到趣味盎然。

而依據台大與華盛頓大學的合作約定，研究團隊成員須隨戴教授到美國撰寫研究報告，為履行約定，縱然柯老師當時已懷孕，仍在一九六八年八月底前往美國西雅圖的華盛頓大學撰寫〈清代台灣租賃制度之研究〉，期間長達半年之久，之後又陸續發表〈清代台灣僕佃契約之締結〉及〈清代台灣僕佃契約對業主及佃人之效力〉等文章，是一九七〇年代少數與淡新檔案相關的研究成果，亦給予之後從事淡新檔案研究的學者不少的啟發。

至於借調到台灣省政府擔任省政府委員，亦是對柯老師扎實學術涵養的肯定。一九九〇年六月，台大政治系的張劍寒教授來電告知柯老師：之前在同系任教的連戰先生奉派出任台灣省政府主席，正在徵詢可擔任省政府委員的女性人選，因為柯老師在大學時曾修習過張教授的行政法課程，張教授對於她的優秀表現印象極深，想推薦柯老師出任，事先打電話詢問她的意願。

柯老師和家人商量討論後，認為自己一直在學術界工作，能有機會借調到行政機關，不但可以增長自己的見聞及歷練，能夠奉獻自己的所學專長，亦是美事一樁，便答應了這項邀約。事實上，柯老師與連主席素昧平生，只因他對張劍寒教授的信任就為此項任命，柯老師實在是非常感佩，而對於張教授的引薦，亦銘感在心。

柯老師在省政府工作三年，除積極參與各項省府行政法規的審議外，每年也都率團到各縣市政府考察為民服務，並率領國中校長訪問日本中學校，相互經

擔任省政府委員期間，至行政機關考核。

驗交流並學習外國長處，確實增廣了不少見聞。

而在此期間，柯老師也深刻體會到單單只要求行政機關依法行政是不夠的，如何在依法行政原則下採行更為便民利民的措施，才是行政機關應追求及實踐的目標，她亦以自己的親身經驗向行政機關提出建言。

柯老師記得當時是因為母親過世，需要辦理相關繼承事宜，之前她在考察為民服務時，各縣市政府簡報資料中均提及許多便民措施，為驗證地方行政機關是否真正落實這些措施，柯老師遂不假手代書，親自回到家鄉的戶政、地政機關申請相關文件，然而，負責的地政機關基層公務員不但不主動告知申辦應備齊的文件資料，反倒百般推拖，建議她應找代書代為辦理。她為了辦繼承的事就往來奔波了好幾次，一想到一般民眾申請文件亦會遭到相同對待，之後便向相關主管機關首長提出一些便民措施的建議，像是將申請書表作成例稿供人索取，讓民眾可以便利地填寫申請文件，以及把申請流程圖表化並公開張貼在行政機關明顯之處，讓申請民眾充分了解所須完成的行政程序等等，如今，這些建議均已一一實現。

在省政府委員任期屆滿後，柯老師又回到了學校任教，授課之餘仍不斷受經濟部、財政部、行政院研考會等行政機關之委請，研議相關政策及計畫，柯老師一如以往地以謹慎的態度，孜孜矻矻地進行研究並分析利弊，積極提供意見，希望能透過自己的專長讓行政機關的施政更為合法且便民。

傳遞良善的力量

柯老師有著正直堅毅的性格，但待人相當隨和且時時關懷他人。

柯老師記得有個學弟，因為父親早逝，母親為了照顧生病的妹妹而無法供他上大學，好學的他仰賴經商的叔叔贊助學費，並當家教賺取生活費用，雖然忙於生計，學弟還是利用許多零散的時間念書，並向當時當助教的柯老師請教法律問題，成績表現相當優異。不料，學弟的叔叔突然經商失敗，他必須要兼更多的家教才能繼續學業，柯老師覺得學弟兼太多家教會影響他的學業，實在可惜，便尋思是否可以幫忙他度過難關，適巧在系辦得知有位好心的美國女士，願意每學期提供美金五十元獎學金給家境清寒而仍好學不倦的法律系學生。在當時，這筆獎學金金額已足以支付一個法律系學生一學期的學雜費用，柯老師連忙通知學弟去申請，學弟也順利獲得獎學金而得以完成學業，後來學弟成為事業有成的律師，在改善家中經濟情況後，也飲水思源的回台大法律系設置獎學金，幫助清寒的學生，數十年來亦與柯老師維持著深厚的情誼。

柯老師深深感受到人與人之間良善的力量，縱然只是舉手之勞，如果有人因此受惠，就會將此善良關懷之心予以傳遞，勢必有更多人因此獲得幫助，這也就是柯老師向來所秉持慈悲為懷的處世之道。

最堅強的支持與後盾

溫馨和樂的家庭生活，一直是柯老師能在學術領域裡努力不懈最堅強的支持與後盾。柯老師於一九六七年與同系學長鍾招榮先生結婚，師丈為司法官訓練所第六期結業，曾任檢察官、法官，之後轉任律師，為人正直誠信，執行律師業務之餘，加入扶輪社至今已逾三十三年，積極參與扶輪社所舉辦的公益活動，服務社會。

夫婦倆鶼鰈情深，師丈不但全力支持柯老師的工作，並在柯老師工作上遭遇挫折時，適時地安慰、鼓勵，每當彼此生日及結婚紀念日時，還會浪漫地慶祝一番。二人育有二子一女，柯老師坦言在子女求學的階段，因為她工作忙碌，並沒有什麼時間可以陪他們做功課，幸好子女都懂得自動自發地用功念書，無須為他們的學業操心，現在兒子都在司法界服務，女兒是留日博士，在大學日文系擔任教職，均已獨立自主，讓柯老師感到非常欣慰。而在現今人情淡薄的功利社會中，柯老師與家中管家間長達三十幾年相互尊重信賴的情誼，實屬非常難得，亦為周遭親友所稱道。

「因體恤夫妻倆工作忙碌，師丈特地從故鄉屏東請了一位舊識來家裡擔任管家，打理家務並照料孩子。柯老師的子女記得母親常告誡他們，管家是我們家中的一分子，不可以把管家當傭人，而是要像尊敬奶奶一般地敬重管家。每當全家上館子用餐，柯老師必定請管家一同前往，亦曾帶管家至泰國、日本等地旅遊，每逢年節管家要返鄉前，柯老師亦細心地準備年貨禮物讓管家帶回家與家人分享，管家身體不適時，柯老師還會探詢合適的醫生為管家診治，更體貼的是，在管家六十歲、七十歲、八十歲的生日，以及管家早已退休後的九十歲大壽，柯老師夫婦都費心地為管家舉辦壽宴，邀請管家的親友一同參與，管家的姪女還因此深受感動而登報致謝。

「柯老師從來不吝於表達她對管家的感謝，因為管家用心地分擔家務，讓她得以在事業上全心打拚，毫無後顧之憂。」

雖然近年來管家已退休而定居南部，柯老師仍和管家保持密切的聯絡，每次一與管家講電話，子女們也都等著要跟管家問候聊天呢！由此更可見柯老師全家人與管家間深厚的感情。而在柯老師尊重他人的身教潛移默化下，柯老師的子女待人謙恭有禮，廣結善緣，在同儕、同事間均有極佳的風評。

全家與管家一同出外踏青。

回顧自己的人生際遇，柯老師對於師長無私的提攜，同儕間和睦溫馨的相處與協助，以及家人的全力支持，心中充滿了感激，柯老師亦將這份感激之心化作動力，專注不懈地投注在將近四十年的教學研究生涯裡。

雖然柯老師認為修改自己寫的《公司法論》內容以配合現制，本是分內之事，但能以此為志，持續三十餘年不斷，非有超人毅力實難以實踐。「行事堅毅，慈悲處世」正是柯芳枝教授給我們最珍貴的啟示，亦足以為學生後輩景仰學習。

【本文作者】**莊淑君**
一九七八年出生，國立台灣大學法律系司法組畢業，律師高考、公務人員高考三級法制職系及格，曾任萬國法律事務所律師。

古登美

——捍衛弱勢的「現代俠女」

【本文作者】馬以工（與古登美同任第三屆監察委員、現職第四屆監委）

古登美

‧現職：監察院訴願會委員、國家檔案管理委員會委員。
‧主要經歷：台灣省政府委員、國際婦女法學會中華民國分會理事長、監察院第三屆監察委員、法律扶助基金會董事長、台大政治系教授。

楔子

國際婦女法學會（FIDA）中華民國分會為紀念二十週年慶，選出該會會員八位法律界標竿女性的事蹟出版專書，使她們美好的經驗得以代代傳承，黃虹霞律師囑我撰寫有關曾任該會第四屆理事長古登美教授的章節。

個人原非法律中人，但與古教授共事在她擔任第三屆監察委員的六年時間，雖不到朝夕相處，但許多有關法律的案件深受其指導獲益良多，也因而與她的家人，包括另一半已經為馬英九總統提名為司法院長的賴浩敏律師、他們傑出的兒女致偉、貞儀、君儀多少有所熟識，義不容辭地同意編撰。

平反陳情人的冤屈

她的專業與堅持，替陳情人胡其雄提出釋憲案，司法院釋字第五六六號解釋，平反了陳情人數十年的冤屈。

民國八十八年二月一日古登美與我同時就任第三屆監察委員，監委例行的地方巡察工作她選了故鄉苗栗，我選了過去十年教書的所在新竹，此兩地剛好是一組。第一次出馬就遇上了一位讓我們——其實是以古委員為主——為他纏鬥了整個任期六年的陳情人。

擔任台灣省政府委員。

在新竹縣政府見到這位胡先生，他斯文而有禮貌，與一般憤怒的陳情人不太一樣。案情簡單地說，他的父親是傳統的農民，民國七十六年時位於竹東鎮的二重、竹中、柯湖里等地區，被劃為科學園區第三期用地，胡家的農地亦在其中，因為種種原因，政府拖了很久都沒辦理徵收。

八十一年時他父親過世，依當時的農業發展條例第三十一條（注1）規定，是免徵遺產稅或贈與稅的。此時胡先生的弟弟剛好要出國留學，卻被以未交遺產稅限制出境，才得知行政院七十三年增定之農業發展條例施行細則第二十一條，排除母法第三十一條之適用。

胡家在不得已的狀況下，於八十二年的八月三十一日，繳交了一百一十七萬餘的遺產稅。不久在八十三年的十一月二十八日行政院有新的函釋，他發現鄰近與他狀況相同的農戶，因提出行政爭訟致課稅處分未確定，拖延交稅後卻可以適用新的函釋，免納遺產稅，不禁讓他懷疑法律是否在懲罰守法者。他說並非在意一百多萬稅金，而是感到政府執法不公、社會無正義可言，讓他灰心。

我雖略知園區三期因各種政治因素，遲遲無法開發，且極度同情胡先生，卻想不出什麼對策。古委員豐富的法律知識，立刻認為本案「施行細則踰越母法，係以行政命令增加法律所無之限制，違背法律位階及法律優位。亦與憲法第十九條租稅法律主義、保障人民財產權之意旨暨法律保留原則有違。」於是答應胡先生案情攜回監察院研究。

回到院中發現，這個案子已在第二屆監委任期內，由黃委員鎮岳就「有違租稅法定主義」等提案糾正。我們約詢相關單位時，行政單位一再以胡先生的遺產稅已繳納，課稅處分已執行完畢，無法再救濟。最後古委員以該案課稅處分違反憲法的法律見解提出異議，依司法院大法官審理案件法第七條第一項第一款規定聲請統一解釋。

九十二年九月二十六日釋字五六六結果如下：

「中華民國七十二年八月一日修正公布之農業發展條例第三十一條前段規定，家庭農場之農業用地，其由能自耕之繼承人繼承或承受，而繼續經營農業生產者，免徵遺產稅或贈與稅。七十三年九月七日修正發布之同條例施行細則第二十一條後段關於『家庭農場之農業用地，不包括於繼承或贈與時已依法編定為非農業使用者在內』之規定，以及財政部七十三年十一月八日臺財稅第六二七一七號函關於『被繼承人死亡或贈與事實發生於修正農業發展條例施行細則發布施行之後者，應依該細則第二十一條規定，即凡已依法編定為非農業使用者，即不得適用農業發展條例第三十一遺產及贈與稅法第十七條、第二十條規定免徵遺產稅及贈與稅』之函釋，使依法編為非農業使用之土地，於其所定之使用期限前，仍繼續為從來之農業使用者，不能適用七十五年一月六日修正公布之農業發展條例第三十一條免徵遺產稅或贈與稅之規定及函釋，均係增加法律所無之限制，違反憲法第十九條租稅法律主義，亦與憲法保障人民財產權之意旨暨法律保留原則有違，應不再適用。」

解釋出來後，財政部以無前例可援仍不退稅，最後在監察院例行年終巡察行政院時，古委員以該個案向行政院長提出嚴厲的質詢，指責財政部及行政院。至此，財政部才將胡先生十年前所繳的一百一十三萬多本稅及其利息九十七萬餘返還給他。

學生生活導師

她對公法研究的專精，及在台大教授期間誨人不倦的精神，不但是學生學術的導師，也是生活的導師。

胡其雄的案子展現了古委員的專業與堅持，她從就讀台大法律系以來，志趣即偏向公法研究，除了曾獲彭明敏教授所授「國際公法」全班最高分，亦得到林紀東、張劍寒兩教授指引甚深，並曾在日本東京大學大學院進修，受雄川一郎及塩野宏兩教授的指導，她在台大政研所開公法專題研究課程，誨人不倦，直至今年才退休。

古教授在台大政治系教學的風範，由她的學生外交部外交領事人員講習所教務組鄭超瑜組長，對她老師的記憶可見一斑：

我與古老師結緣於民國七十九年秋天，那年我是台灣大學政治系一年級新生，古老師是我們公共行政組同學的「法學緒論」老師，也是我們班的導師。「法學緒論」是政治系一年級的必修課，也是我們第一門法學課程。古老師上課時，總是有條不紊地告訴我們法學素養的重要性，及如何預習或複習功課，不要到大考前才臨時抱佛腳。大家也知道，大一新生社團活動多，也有不少人開始談起初戀，所以「法緒」的蹺課率逐漸提高。有一天，上課時只剩小貓兩三隻，古老師就非常不高興地說：「我實在不應該責備你們這些到課的學生，因為那些蹺課的人都聽不到！」老師一講完，下一堂課竟然幾乎全班都到齊了。

我大一下學期擔任公行組的班代，與古老師有更進一步接觸的機會，我發現老師的導生費全部奉獻出來不說，因為我負責舉辦「導生宴」，那時我們公行組感情非常好，每次全班都全員出席，所以，老師每次都還要貼錢，我們班的男生們才能吃飽。

大四時我準備去美國留學，在古老師的大力推薦下，我順利申請到康乃爾大學公共事務研究所攻讀碩士學位，成為李前總統登輝的小學妹。後來憑藉我在美國所學，返國後報考外交特考並獲通過，順利成為一名外交領事人員；這時古老師已獲聘擔任監察委員。

古老師行政法學素養極為深厚，而且公正不阿，她堅守法律的正義原則，一旦發現任何不公義的案件，一定追根究底，不會寬貸。一路以來，我和古老師都保持密切聯絡，老師也對我非常關心，常常提醒我擔任公務員應遵守的法治原則，當然也還有結婚後的持家之道。在我駐外工作期間，有一次碰到極不開心的事，孤立無援之時，我緊急向古老師求助，老師也適時伸出援手，鼎力相助。

古老師是我的恩師，也是我這輩子的明燈，指引我走在正確的道路上，永遠不會迷失方向，也永遠不會迷失自己。古老師！謝謝您！

女兒眼中「文武雙全」的母親

古老師如此為學生所推崇感恩，她學術的素養及對教學的認真，多少是犧牲了一部分與家人的相處與互動。在全稿快要完成的時刻，我接到她一封email，希望能延遲幾天完稿，她想讓大女兒也寫段文字穿插在全篇中。這封email寫得十分感人，是全篇唯一她的手稿，特錄於次：

「小貞的小女兒感冒發高燒，所以她的文章要下星期才給我。我要小貞加一小段的原因是她是老大也為人母，更可寫些媽媽早期管教孩子們時給她的印象。

小貞四個月大時浩敏結束律師事務所，赴東大留學，她留在苗栗與祖母同住，我那時是助教，奔波在台北苗栗之間。兩年後生下致偉，三個月後我也赴日進修，在東大一年後回來，兒子已經會跑了，只會聽大人教他喊這不認識的人——媽。

對這兩個孩子常有未盡母職的歉疚與遺憾；小女兒是在我們生活安定後生的，從小到大都在爸媽身邊，兩個大孩子偶爾會抱怨吃醋，說爸最寵妹妹。

這就是為什麼，我要等小貞寫的原因。

請原諒耽誤了妳的進度！」

古教授的女兒賴貞儀博士在公私家務倥傯的百忙之餘，抽空寫了下列這段關於她的母親的文字：

一直到自己成家之後，我才體會出母親的不平凡。

從小，能幹的母親讓我覺得她除了大學教授的身分外，和別人的母親沒什麼不同。我早上在她的叮嚀聲中出門上學，中午拿出她準備好的便當和同學較勁；家中有賓客時，她俐落地做出一桌色香味俱全的大菜，我的家政課作業有困難時，她會幫我繡十字繡、車六片裙；我偷開夜車K書時，她會半夜起來趕我上床；我不懂事犯錯時，她會嚴辭訓誡說明道理。母親個人在職場的忙碌與成就，從不曾影響她照顧家庭的細膩與周到。

一直等到我長大，不再以孩童的眼光將母親無微不至的照拂視為理所當然時，才在周旋於學業、事業、家庭的忙碌生活中，深深體會出母親的辛苦與能耐。

像母親這樣，既要扮演出色的現代女性，又要善盡傳統家庭主婦的角色；而且任勞任怨，兩者兼顧力求完美者，實非尋常。以前我聽她提起幼時幫教師退休後經商失利的外祖父賣過刨冰、水果、五金等等，總覺得無法想像；也許因為母親身為長女又嫁作長媳，天生能幹又會照顧別人。當她勤儉的美德與能幹的個性結合時，一條雙人床單可以用二十年以上：中間磨破了，可以用縫衣機改成兩條單人床單；單人床單用到破後，再改成狗狗的墊被。

我在美國讀博士班時，懷了老大，她來陪我待產，卻首度見識到母親的韌性與「允文允武」。當時，父親和外子都因為工作先行返台，留下母親照顧臨盆在即的我，在我簡陋的已婚學生宿舍裡窩了一個多月。

雖然那裡是母親向來不熟悉的英語系國家，但身處異地，她仍然適應得有聲有色。她在我陽春的小廚房煮出了我在美國從來也吃不到的美味牛肉麵；在超市買來不到美金三塊錢的豬耳，滷成道地的豬耳朵，於當地台灣同鄉會的中秋節餐會中一下子就被一掃而光；她還在學校附近的Farmer's Market買了幾盆Basil，每天搬進搬出地照顧它們，打算屆時權充九層塔來炒雞酒給我坐月子；甚至，她還陪我在宿舍的草坪上辦了個moving sale。

最難為母親的是，英語並不靈光的她事先慎重預演了幾遍該如何認路、開車送我去醫院生產、辦手續、買菜等。在產房中陪我生產時，她其實被我的產子過程嚇壞了，但還是鎮靜地在一旁打氣，還要記得拍照與錄影。

她升級當祖母後，對付孫輩依舊是文武雙全。文能幫國三的孫子解答社會與公民科的疑難，教孫女練鋼琴；武則是能和他們玩Wii和打電腦；還每週六煮一堆他們愛吃的菜餚讓大家大快朵頤；這樣的母親與祖母，即使用二十一世紀的標準加以檢視也還是令人嘆服吧！

「寵」先生的客家妻子

與先生賴浩敏合影。

她愛鄉愛家，不但有客家人勤勞儉樸持家的美德，對客家文化的維護亦不遺餘力。

古登美出生於苗栗縣公館鄉，是祖籍廣東梅縣的客家人，她有著所有客家婦女勤勞儉樸的美德，雖然她與先生賴浩敏律師均屬高所得專業者，但她的衣食住行都非常樸實大方。賴律師對

他夫人表達了非常獨特的愛慕，尊他指示一字都不能增刪，真實地、完整地在此表達：

我的妻子登美，以一般人的眼光看，長得普普通通，不會被認為是美人，但我覺得她很美，知性的美，有內涵、有智慧、有深度的美。我很喜歡也很能享受，歲月從來不曾使她在我眼中、在我心中變得不美。有時我不知不覺看她看得發呆，她發覺了，就會問我：「你為什麼一直瞪著我看？難道你不認識我啊？」我都會誠實地說：「我喜歡哪！」

我年幼失怙，家境清貧，除了毫無謀生能力的寡母外，有兩個年齡小很多的弟弟，家計及弟弟的教養、教育費用的負擔都落在我（長子）的肩上。登美雖也家境貧寒，但台大法律系畢業，要嫁個比較富裕的好人家是一點問題都沒有的，她卻偏偏選擇跳火坑，跟我這個負擔很重的窮小子結婚，勇氣可嘉。我前輩子一定一修再修、積了德，才有這個福氣。

登美是同時兼具古典及現代美德的女性，勤儉樸實，處理家事、煮飯、做菜、清掃，樣樣精通能幹。我們同村有在台北市政府任中級公務員的職業婦女，跟我們一樣，過年都會回鄉下老家團圓。她公公（高中教師）常訓她說：「妳做個小公務員真偉大，回到家，只會茶來伸手，飯來張口，妳不看看人家古教授，回來家事樣樣行，樣樣做，做得比專職家庭主婦都要勤快、都要好，妳難道不覺得慚愧嗎？」那位職業婦女向登美的妹妹（她們是同事）訴苦，說我會被妳姐姐害死。

登美奉侍我媽媽非常孝順、細心又周到，我媽媽凡事都依賴登美，甚至只信賴她。登美對我弟弟也很照顧，給學費、生活費、教育費，從不吝惜，一直到大弟政大畢業就職，小弟留美完成博士學位，定居美國，讓我沾她的光，被兩個弟弟時常感念「長兄當父長嫂當母」！登美對小孩的教養也十分用心，該疼則疼，該教則教。我兒子說過：人家是「嚴父慈母」，我們家是「嚴父、嚴母」。不過，她很會拿捏分寸，因此我們家親子關係，尤其是母子關係十分良好。我有的時候還會說她是「良母賢妻」，她笑我說「連孩子的醋你也要吃」。

其實，說實在的，她「賢妻良母」的時候還是很多，多得我都沒話說。我的小女兒還常罵她媽媽說：「爸都是被妳給寵壞的！寵得他什麼都不會自己做，連自己的衣服都找不到。」我知道自己不應該恃寵而驕，但積習已深，只好拜託她繼續寵了，否則日子會很不好過。

登美任台大教職四十八年，其中曾擔任六年台灣省政府委員，六年監察委員及三年法律扶助基金會董事長。擔任公職一向竭智盡忠，堅持正確的原則，勇於任事，有所為有所不為，似乎也獲得了一些好評。然而，縱使在擔任公職期間，她從來沒有間斷過、也沒有怠忽過她的教職。她自認自己不是很聰明，書讀得不夠多，因此，花在學術研究及教材準備的心力及時間非常地多。她是一位沒有誤人子弟的好老師。這是她的學生跟我講的。

登美的好以及我對她的愛，再怎麼講也講不完，事實上也不是筆墨所能完全表達，對於這麼美、這麼有內涵、這麼賢慧的愛妻，我一直覺得很有愧欠，能夠補償她的非常有限。雖然她無怨無悔，但我總是覺得這輩子沒辦法補償，是不是下輩子再結為夫妻？隨她選要做夫或妻，讓我再好好愛她、補償她。我曾問她的意思，她語帶玄機地說：讓我考慮考慮！

我的愛妻真可愛，我一定要好好表現，說服她下輩子再結為連理。

彈劾縣長

經過賴律師詳細的述說，我們對古登美的生活面有更深的了解，雖然她很小就

未拆除前的五穀宮。

跟著父母到台北市，進入東門國小就讀，但對公館的祖厝、老街、古廟無時無刻不念念在心，離她家最近且為童年記憶一部分的就是五穀宮。

五穀宮奉祀神農大帝，有客家人的地方就會有，公館地區最早約是嘉慶十五年（一八一〇）由廣東來台的吳汝宗將家中供奉的神農大帝移到伯公祠（注2）膜拜，道光三十年（一八五〇）由公館仕紳張進生等，改建成廟宇形式後正式稱為五穀宮。公館地區大地震後曾在昭和三年重修，也包括古委員的祖父古江漢也捐款參與重建，並在落成後留下珍貴照片。

我追隨古委員前往五穀宮時在九二一強震後沒多久，廟宇只有一些不算太嚴重的裂縫，工程上屬於可修補的小損傷。當時嚴重的分裂是公館鄉護廟愛鄉的年輕人，與想拆廟重建的管理委員會，後者計畫將廟宇的一、二層變成商場，把廟建在三樓以上。

在此之前內政部民政司曾邀集專家學者，就五穀宮保留了紅磚厚瓦、八角形窗櫺、拱門、對聯、雕樑畫棟等客家建築特色，八十六年四月十七日經內政部議決評定列為三級古蹟，正待完成法定公告程序。因文資法當年的五月四日公告修訂，內政部將古蹟公告工作移交縣府執行，沒想到廟宇的管理委員會竟千方百計地阻止縣政府公告古蹟。

古委員親自以客家話與管委會溝通，也提出改建後沒有電梯，老人家如何爬三樓去拜拜，無奈廟方以鐵了心要拆，此時距縣政府應公告古蹟之八十六年五月已有四年之久，又立法院曾於八十七年五月二十日中央政府總預算案決議：「為避免地方政府怠惰造成史蹟毀壞，文化資產保存法第二十七條修正前，已經內政部台閩地區古蹟評鑑會議評定為古蹟尚未完成公告者，應由內政部轉請相關各級政府立即逕行公告完成古蹟指定。」距此一立法院提醒地方政府應盡速完成公告的公文，亦已三年了，惟苗栗縣政府竟仍置之不理。

俟本院開始調查，苗栗縣才又請另一批專家學者於八十九年初開始評鑑五穀宮是否古蹟，這種再評鑑是否合法亦有爭議，縣府還以威脅性言論於評鑑會議時向評鑑委員重複強調廟方抗爭之激烈，而史無前例作出「暫不指定」，違背內政部已指定之結論。

民國八十九年五月八日清晨，管委會雇用怪手將五穀宮拆除殆盡。至此古登美決定以「遲未循適正程序進行古蹟審查，未盡維護古蹟」提案彈劾縣長傅學鵬。彈劾家鄉的民選首長，對古委員也是一種壓力，但對無法回復珍貴文化資產的破壞，確實是惡質行政怠惰的結果，也令古委員痛心不已，彈劾通過後傅學鵬縣長亦受到公懲會的申誡處分。

調查拉法葉艦採購弊案

她法律專業的敏銳及不折不撓的精神，在調查拉法葉購艦弊案時，掌握時效督促海軍提出歸還佣金的合約仲裁，中華民國政府可望獲賠約近三百億新台幣。

九十九年五月二日國際商會仲裁法庭作出仲裁判斷，法國台利斯公司（Thales，即湯姆笙改組後公司的新名稱）違反拉法葉艦採購合約的排佣條款，必須將佣金還給台灣，加計利息、律師費和我方支出的相關費用，中華民國政府可望獲賠約近三百億新台幣。消息傳回大家都爭功諉過，我想老天爺知道古登美居首功是無庸置疑的。

我們開始調查拉法葉艦採購弊案，是在民國八十九年五月十二日。最早調查方向關注的焦點，在於購艦政策的快速轉變，原定採購經由三軍最高統帥總統所主持軍談核准的韓國製蔚山級艦，突然轉變為向法國採購拉法葉艦。當時拉法葉艦還在實驗階段，亦違反軍購武器須經驗證的要件，也沒有再提軍談審核。

調查一段時間後，我們發現此一購案除軍方決定非常倉卒外，更離譜的是拉法葉艦的報價時時刻刻都在飛漲，我們所掌握到法方最早的一份報價細目與最後合約所購得的項目相差不多，但價錢卻漲了近一倍（注3）。直覺看來這此多出來的錢，極有可能就是佣金。此時，拉法葉案有鉅額佣金存在的傳聞，早已傳遍全歐，包括以席文為代表的億爾富公司已在瑞士法庭仲裁勝訴，湯姆笙須支付合約價款百分之一，約兩千五百萬美金的佣金。雖然湯姆笙反告席文詐欺，但這次仲裁判斷的結果，卻證實佣金存在的事實，對我方是有利。

拉法葉採購案訂約日是八十年的八月三十一日，專業的敏感讓古登美關注的焦點是全案與法律相關事務，包括了合約若發生疑義可提出異議的十年效期。如眾所周知，合約的第十七、十八兩條是所謂「排佣條款」規範法方「不得有委聘佣金代理人支付佣金、抽成、仲介買賣或事後給付佣金之行為。」明顯地，時間上是十分緊迫，九十年的七月十三日在古委員的堅持下，監察院行文（注4）要求海軍就合約第十七、十八兩條「排佣條款」，盡速提出法方違背合約之仲裁，以免延貽時效。

要備齊提仲裁案所需的法律文件十分繁瑣，且須支付龐大的律師費用，但若在九十年八月三十一日前未提出，就失去時效。當時海軍總司令李傑排除萬難，先公開徵選了聯合法律事務所，先以極少的第一年費用，負責協助處理國際仲裁事務，在八月十七日經海總授權在法國的庫德（Coudert Freres）法律事務所，以中華民國海軍名義對被告Thales公司向國際商會提出仲裁聲請。

當時的要求與最後的仲裁判斷結果是一致的，即「要求1.依合約第十八條第三項規定及法國法一般原則，命令被告支付美金五億元予原告作為契約價款之減少，其金額相等於被告同意支付佣金之數額或作為損害賠償。2.依法國民法第一一四七條及第一三八二條之規定，命令被告支付美金九千九百萬元之損害賠償予原告。」

當時我們也決定配合古委員與賴律師全家的度假計畫，最後一週約九月初到巴黎會合，與參與仲裁案的國際律師會談，提供我們過去調查所得初步的證據。我們也去拜會了造艦局（DCNI），他們說當年經手的人士不是退休，就是去世了。這當然只是造艦局的托辭，我們問及為何類似的東西價格一再增加，他們則說是買方要求增加的。

MSN、Facebook、樣樣來

這次賴律師為配合古委員最後幾天辦案，不但擔任外孫的看護者，讓學美術史的大女兒貞儀可以盡情參觀各重要博物館，還在週末請大家遊塞納河吃昂貴的法式晚餐。那次的行程結束之日，發生了震驚世界的九一一恐怖攻擊事件，古委員一家在阿姆斯特丹機場停滯了相當長的時間，還好最後順利地返回台北。當時未參加旅行的小女兒君儀，對媽媽有特殊的感情，將她的文字在這裡呈現：

一個一如以往的忙碌午後，我工在辦公室處理著遊戲產品的相關企劃討論，跳出的MSN視窗「記得妳要幫我寫的文章，不要忘記，下個月中前要的。」「喔！好好，我知道了，沒問題。」「那先不跟妳說了，妳爸快回來了，我要去煮飯。」

是的，不要懷疑，跟我MSN的，是我媽媽。

她不只會用MSN，她還有自己的Facebook，她會用簡訊通知家庭聚會的時間，避免打斷我的會議，她會把旅遊的照片點滴編輯成光碟，還配上自己喜愛的音樂。

我不是要特別強調她的科技化或是令人佩服的學習力，因為在我眼中，她做這些事情都很自然、一點都不奇怪，因為她就是有那種從容而篤定的氣質。

她今年七十歲了，她是我最親愛的媽媽。

休一天假帶著我的筆電，在東區的咖啡店靜下來動筆開始寫這主題時，卻猶如展開了一場旅行。

我開始回憶起兒時，回憶媽媽年輕的模樣，回憶她煮的菜，回憶她的微笑，發現每段回憶都帶著暖暖的光線。先簡單地說，我家有三個小孩，姐姐、哥哥和我，我是老么，我最早的記憶，大概是三歲，因為媽媽那時候在台大教書，沒辦法全心照顧我，所以我不足歲就要去上幼稚園，第一天被送上娃娃車，看著媽媽在車外面的臉，我大哭大叫，媽媽則充滿了不捨，應該掛心了一整天吧。

還有我一直記得的是，小時候我很怕黑，總是不敢自己走過黑黑的走廊去上廁所，剛開始我總是要拉著媽媽一起去，後來媽媽發明了一個方法，她要我自己慢慢地練習獨自去上廁所，如果我害怕，就叫她，她會回答我：「媽媽在這。」我聽見了，就不會害怕，可以繼續往前，我記得自己每隔三秒鐘就會叫一聲「媽媽！」雖然上個廁所大概會叫個二十次「媽媽」，但是最後我終於敢自己走進黑暗中了。

上國中那年，媽媽開始擔任省府委員，每星期會有一天，媽媽需要去南投開會不在家裡，雖然我已經上國中了，但是媽媽不在家中的那個晚上，我還是有著跟幼稚園時期一樣的焦慮跟思念，我記得我曾把一封信偷塞在媽的公事包中讓她帶去，信中告訴她我有多想她，詳細內容我其實不記得了，可能要再跟媽媽借來看。

高中大學後面的我想就跳過了，大家不是來看我的成長史的，簡單地說，就是我長大了，畢業了，開始工作了，有屬於自己的生活跟追求。媽媽也許從來沒有跟我說過要怎樣地相信自己跟追求夢想，但是她就是給了我如此的愛和信念，就像兒時一樣，她沒有每次都牽著我的手走進黑暗中，但是她讓我知道，她會一直在那守護著我，於是我很開心，很相信，很自我也很幸福的如同今日的我。

而用自己最真實且真切的愛與精神給孩子力量與信心去展開白我的，則是我的媽媽。一開始時就說過，我一直認為我的媽媽就是這樣的自然，很自信，很慈愛，很從容，給人一種無須言語的篤定與安全感，也許在別人眼中，她是很好的老師，監委，董事長。在我心中，她則是獨一無二，不可取代，給我愛給我人生也讓我永遠都深深愛著的母親。

調查羅太太案

古登美剛直而勇敢，從她調查羅太太將總統官邸特勤人員當私人隨扈差遣乙案，我看到「無欲則剛」的見證。

她的勇氣是在調查羅施麗雲（注5）的個案中展現無遺。全案九十三年八、九月間由秦慧珠立委陳訴「總統府前約僱事務員羅施○○等人違法使用國家安全局特勤指揮中心公務車輛，該中心復另派遣特勤人員充當羅女士之私人隨扈供其差遣，涉有違失等情案。」

特別請當時奉派協助調查的張調查官回憶這段往事：

古委員給我的印象是「法學素養極佳、心細不放過任何線索、公正不阿、不畏強權及威勢、不接受關說、證據到哪兒就辦到哪兒、擇善堅持、對弱勢人權之維護尤為重視。」古委員對協查人員亦非常體恤，平易近人，無所不談，我們跟隨古委員之協查經驗中可學到很多做人處世道理，協查人員迄今還是對她滿懷敬意。

就我記憶所及此案調查過程，當時正是總統府進行下一屆監委提名作業中，許多委員都表示沒調查意願推辭，輪派到古委員時她沒有拒絕，我一接到派查函隨即向古委員報到時曾建議：「本案是否稍暫緩調查，迄九十四年二月一日第四屆委員就任後再重啟調查？」古委員回答我：「我不是那種畏懼強權威勢的人。」我再請示古委員：「我們調查範圍是否限縮僅調查羅太太部分即可？」古委員回答我：「秦慧珠立委陳訴函所有陳訴之事項，依規定該調查就調查。」

秦慧珠立委所有陳訴之事項除羅太太是否有違法使用國家安全局特勤指揮中心公務車輛及該中心是否復另派遣特勤人員充當羅女士之私人隨扈供其差遣（注6）？她有無每月領取「情報工作補助費」及「警勤費」？是否合於相關法令規定？陳訴之事項中還有陳總統女婿趙建銘未與陳幸妤結婚前是否有違法使用國家安全局特勤指揮中心公務車輛？是否有違規未繳罰鍰或由該中心代為繳納罰鍰之情事？以及陳總統公子陳致中及其當時仍是女友的黃睿靚，是否有違法使用國家安全局特勤指揮中心公務車輛之情事？等等，都是極敏感的政治問題。

案件開始調查、進行約詢時，古委員雖為弱女子，但剛毅堅強個性更不讓鬚眉，調查期間她承受外界很大壓力，雖然支持她的人大有人在，然她辦公室每天不間斷接到陳前總統支持者之電話，很不理性叫囂謾罵，甚至口出脅迫之語或三字經，古委員皆很低調，又不能掛斷電話，只能默默承受，致壓力太大，古委員暈眩痼疾頻頻發作，數次看她暈眩到嘔吐，虛弱坐在沙發上，但仍堅守她監察委員「公正不阿」之崗位，真讓人感到心疼與敬佩。

心中最放不下的案件

這個世界上到底有沒有公平正義？司法是公平正義的代表嗎？當事人若是誤判已被執行槍決，仍要平反冤獄還其清白嗎？在調查江國慶案的過程中，看到了古登美的仁心與正義。

九十四年一月三十一日古委員卸任第三屆監委時，心中最放不下的未了案件就是江國慶案。雖然當事人已在八十六年八月十三日就被執行槍決，且本院亦於八十八年二月二十五日第三屆第一次司法及獄政委員會決議通過第二屆陳光宇與江鵬堅（注7）委員的調查案。略以：本案除被告自白外，均無直接證據證明被告犯罪、國防部國軍法醫中心所具鑑定書缺失連連。發回更審案件，仍由相同法官審理，雖不違反迴避規定，但宜商由就近軍事審判機關或呈由上級臨時充調之。但國防部以偵審與鑑定均無違背法令之處答覆了監察院。

江國慶的父親江支安陸續於八十八年十二月十三日到監察院續訴，惟因八十九年十二月江委員病逝，原協查人員洪順隆較早之前亦病逝，致九十年四月十八日、六月二十八日、八月十三日、十二月四日、九十一年五月十四日江支安的續訴都沒有結果。九十一年十一月十四日民間司法改革基金會亦發現本案十大疑點（詳見該會網頁），並代江支安續向本院陳訴。

猶記得某次在古委員接見過江支安後跟我說，案子是有冤情，且沒看過哭得這麼傷心的父親。九十二年七月二十九日古委員與張德銘委員再度申請自動調查。根據監察院內規已經完成調查的案子，除非有新事證是無法申請覆查的，九十二年八月十三日司法及獄政委員會第三屆第六十七次會議決議先推派張委員與古委員兩人先續行研究，調查專員陳先成協助。九十三年十二月二十日完成《八十五年空軍作戰司令部謝姓女童遭強姦殺害研究報告》略以全案疑點重重，有再行調查之必要。

九十三年的十二月二十八日張委員與古委員的自動調查才得再行立案，並列為特殊重大案件。只是調查一個月餘即因第三屆委員九十四年二月一日任期屆滿，又因第四屆監察委員未到任無法接續，全案暫時中止調查。

追求更高的價值

卸任監察委員後不久，古登美教授因其專業及人望，於九十六年獲邀擔任司法院設立之財團法人法律扶助基金會董事長，這是一個無給職，一直到九十九年三月三十一日她任滿離開前，古董事長認真地繼續協助弱勢爭取公平與正義。其任職內的功績，由法律扶助基金會宣導暨國際處主任許郁蘭寫來〈勇於承擔、無私奉獻的領導者——法律扶助基金會前董事長古登美〉一文，更加真實。

九十九年三月三十一日，是法律扶助基金會新舊任董事長交接的日子。台下觀禮的同仁早已熱淚盈眶。曾擔任三年董事及三年董事長的古登美，正進行在基金會的最後演說。她說：「我不只一次跟大家說，要維持健康的身體，只有自己健壯起來，才能讓法扶健壯起來。而法扶內部有制度，才能提供更好的服務，才能永續經營，獲得社會更多的支持……」離情依依，對同仁的殷殷關愛依舊，更不忘提醒法扶之於社會的重要職責。奉獻多年於台灣弱勢法律權益的古董事長，即將離去的背影，令許多同仁感到無比溫暖及安定。

法扶成立於二〇〇四年，目前在全國各地設有二十一個分會，已扶助超過十萬個曾遭遇法律困境的弱勢家庭。六年來，古登美前董事長是厥功至偉的重要推手及掌舵者。

前三年是法扶奠定服務基礎的重要階段。董事會若有忽視弱勢的意見，她必直言以對，秉持扶助弱勢是根本的創會精神。同仁眼中「古登美」不只是六法全書紅色封皮上金字印刻的作者名字，更是捍衛弱勢的「現代俠女」。

濟弱扶傾的性格，加上勇於承擔，她獲得第二屆董事一致推舉，接下董事長的重擔，率領上下，開啟推動重要專案及提升服務品質的新里程。舉凡關係人權的「檢警偵訊律師陪同到場」試辦專案、協助債務人重生的「債清條例服務專案」、與勞委會合作的「勞工扶助專案」及直接解答民眾法律問題的「擴大法律諮詢專案」等，無不以其堅強意志為後盾，排除萬難向前推展。而提供給弱勢的法律服務，不是有就好，她認為有品質及效益的服務才是真正幫到弱勢，法扶的「律師評鑑計畫」於焉而生。但對於願意投入法扶，僅領取微薄酬金的法扶律師，她亦時常抱持感謝。

走遍全國分會，她除了鼓勵及肯定同仁的努力，更關心同仁的工作環境，以及工作是否超過了負荷。法扶五週年特刊中，她曾真切表達：「你們的表現，讓我看到比金錢更有價值的東西，那就是愛！」心中有愛，才能感受到愛吧。一路走來，古前董事長傾聽同仁的心聲，以親切的態度關懷及問候，她無私的奉獻及付出，是同仁邁步前行的人生典範。

管理大師彼得・杜拉克曾說：「真正的強人靠著苦幹和奉獻來領導，不會大權一把抓，而以建立團隊為目的，而且治理事務是靠著正直，而非把人玩弄於指掌之間，這種人不狡黠，簡單而誠實。」這是給予古前董事長於法扶六年的最佳註腳。

當第四屆監察委員於九十七年八月一日上任，第一次院會就決議第三屆未完成的案件，由連任的委員接辦，本人接下古委員的棒，繼續調查江國慶案。不久，又加入有法學素養的楊美鈴及沈美真兩位委員一同調查。調查期間，我們亦請古委員與張德銘委員以專家身分提供法律見解。就在古委員卸任法扶會董事長沒多久，監察院在九十九年五月十二日通過江國慶案的調查報告，糾正國防部缺失，包括：本案由政四而非司法人員偵辦、是否非法取供、自白任意性、判決書所書行兇時間與現場跡證不合、證據遭污染無證據力及尚有未調查證據等請提非常上訴及再審。

這個結果雖然離還江國慶清白還有一段漫長的路，我們已共同踏出追求公平正義最重要的一步。

現在古登美是監察院訴願委員會的外聘專家委員，閒暇時學書法、油畫，參加合唱團、旅行，充分享受退休後的生活，已屆七十歲的她，看起來仍像五十出頭幹練的名教授，希望她仍不吝將她的才學繼續無私地奉獻社會，使這個社會多一點公平與正義。

最後附上指導過他論文的學生國立空中大學學務長沈中元教授感性的文章〈隱形的翅膀讓夢恆久比天長〉。

那天，師父古登美教授及師丈賴浩敏主委來花蓮玩，我很興奮地將我剛寫的新書《藝術與法律》送給師父，她笑著說：「你跟以前一樣頑皮，法律人也只有你寫得出這種書。」大家笑成一團，我看著師父及師丈「挑染的白髮」，感覺他們這對老夫老妻的智慧與恩愛，比我二十五年前讀書時認識的那對熟男熟女，又更為火紅與堅定。

我在台大讀書時，慕名選修師父開的行政法課程；她教學的方式與眾不同，我挑了研究題目後她總以提問、導引的方式，培養我們獨立的法學思維能力。她教我讀書要懂得「懷疑」，現有的法條、別人的看法都未必一定是對的，不要人云亦云，要懷疑現狀，懷疑通說，懷疑真理，找出屬於自己的獨立思考方式與看法。我受到師父的啟蒙後受用無窮，至今保持懷疑的習慣面對知識與人生，隨時好奇地追求新知，探索生命的轉彎。我後來成為法學博士當文化局長的少數特例，記者訪問我時，我回答說：「跨領域懷疑是文化創意產業發展的第一步，我師父教的。」笑著將師父的教導發揚光大。

師父的可敬可愛，除了學者的風範外，還有對你溫暖的愛與關懷。我讀書時她噓寒問暖，告訴我走學術研究的道路要能夠「享受寂寞」；我想考律師時她將研究室借我K書，鼓勵我「苦讀一年換得一生的尊嚴」；我後來放棄考試想去搞政治，她也支持我說，你身上「政治細胞比法律細胞活躍」，你選擇了就勇敢去做吧；我局長卸任後轉身當成了教授，她更開心地跟我說，你「讀三條法律可以說出十條的道理，最適合教書」，將來一定是名教授。每一次問候，她都會問及我妻雪芳好嗎？叮嚀我要「以家庭及健康為重」。這一路走來，我每一個夢想的成長，師父都給我翅膀、給我方向、給我力量，讓我盤旋後飛到更高的地方。我真心感恩師父的照顧，笑說我要來獻唱張韶涵的歌〈隱形的翅膀〉，唱到「隱形的翅膀讓夢恆久比天長」這句時，逗我師父開心地掉眼淚。

師父這些年，除了繼續教書給人知識外，愛與關懷的層面更為寬廣。還曾擔任省府委員、監察委員、法扶基金會董事長等工作，將她對社會的關懷擴及到權利的保障與監督，落實在人權的推動與服務。我知道她有時太忙會偏頭痛，但她不懼所痛，依舊風塵僕僕地在全台為使命奔忙，像帶著一雙隱形翅膀的天使，給他人力量與希望。

有一天，有一位帶著隱形翅膀的七十歲天使，出現在你面前時，記得大聲許願，她會幫助你，讓你的夢想開出美麗的花朵；記得說：「我想飛。」她會帶著你飛翔，為你照亮遠方。

注釋：

1 九十二年二月七日華總一義字第09200020080號令公布增訂農業發展條例……並修正……第三十條……條文。九十六年一月十日又以華總一義字第09600001891號令公布修正第三十一條、第三十九條條文。此處為七十二年原條文之規定。

2 客家庄田間的土地廟。

3 詳細價格仍為機密，但漲價無理在監察院調查報告均有實證。

4 九十年七月十三院台調貳字第0900804231號函。

5 即大家所熟知為吳淑珍推輪椅的羅太太。

6 即報載送綠迷雅化妝品及澆花等私人雜事。

7 江委員連任第三屆監委。

【本文作者】**馬以工**

・現任監察院第四屆監察委員（任期九十七年八月一日至一百零三年七月三十一日）。

・曾任第三屆監察委員、中華大學景觀建築系系主任、行政院文化建設委員會委員、行政院環保署環境影響評估委員、大自然季刊副社長、總編輯。

・曾獲第二十五屆十大傑出青年、吳三連文藝獎等。

陳秀美

——愛，不曾遠離

【本文作者】姚竹音

陳秀美

- 台灣新竹地方法院候補推事。
- 台灣桃園地方法院推事、庭長。
- 台灣高等法院推事。
- 行政院法評事。
- 司法院第三廳（行政訴訟及懲戒廳）廳長。
- 台灣桃園地方法院院長。
- 公務員懲戒委員會委員。

他，走了。

她的生活頓失重心。

儘管，該走的路還是要走，白天照常到公懲會辦公，晚上依舊回吳興街住家，週末假日兒孫亦常相伴出遊。儘管，日子還是照常的「按表操課」，但是，夜晚究竟是從什麼時候開始，偷偷地長了那麼一點，也難熬了那麼一點？

常聽人說，失去才知擁有過，但他的離開對她而言，並非失去所愛的痛，尤其當他可以不再為肉身受苦，她感謝上天的安排與祝福。兩年了，她並不覺得自己失去什麼，只是還在適應生活中的平衡點，只是沒想到自己是如此的依賴著遠走的人。

或者，對她而言，他，究竟離開了沒？

每日早晨，只要在家，一定為他燒炷香，說聲早安；遇到生活中的難題，就對著他的牌位，擲筊探問，這樣決定好不好；初一、十五茹素，會替平生不愛吃素的他，泡一杯茶或咖啡，加點調劑；逢年過節，習慣為他準備愛吃的好料，像是滷牛肉、福州燕丸、芋泥、糕餅等等；遇到兩人愛的紀念日，必定斟兩杯紅酒對飲；忌日當天，則會特別買些他生前喜歡的物品，尤其天國專用的紙鈔肯定是愛旅者免不了的必需品，備妥後，緩緩地燒給天國的老伴。

走過很多秀美的年代，愈來愈珍貴的秀美。

對她而言，老伴的愛是呼吸之間的愛，早已互為彼此的成為對方身體與靈魂的一部分。於是，她相信，他的一部分還在人間，守護著她，正如她的心，也有一部分，已然跟隨著他的腳步，遠離了這塵囂。

冥冥中伸出援手？

今年一月初的一個清晨，天未亮，恍惚之間，以為自己正搭車前往他嚥下最後一口氣的國泰汐止安寧病房，又沉沉地睡去，誰知，當手機聲響起，讓她剎那清醒，才發現自己竟身在國泰總院的急診室。

「我怎麼會在這裡？」

護士告訴她是救護車送她來的。

「誰叫的救護車？」

她不解，因為當晚，家中只有自己一人。

「但我真的想不起這一段是怎麼發生的，我怎麼從家裡到醫院的？只記得五點起床打電腦之後突然感覺不舒服……之後就什麼都沒了……等到稍微有點知覺，半夢半醒之間，以為自己正在搭車，準備到汐止國泰醫院……」

醫生勸她，一定要努力想起來這幾分鐘的空白，否則，怕會影響到以後的記憶。

經過幾天的休養，斷斷續續的畫面，彷彿可以透過推理，漸漸串了起來。

「我記得起床之後，走到浴室洗手，回房後一下子又難再入眠，索性打開電腦玩了一會兒的接龍遊戲，正準備收email，就突然間覺得身體不太對勁，呼吸有點喘不過氣，人好像快散掉的感覺，非常不舒服，但不知為何，我竟然可以把睡褲換掉，還把鑰匙、錢包、手機、身分證、識別證、老花眼鏡從包包裡找出來，塞進長褲口袋……好像有一些救護車和救護人員的模糊印象……又很片段……只能確定自己是在八點多之後清醒……那時，正躺在醫院……」

「但是我還是想不起來曾經撥過電話……」母親迄今仍納悶這一點。

後來經家人查證，急救電話確實是從家裡撥出的沒錯，也是自己開的門，然而，究竟是誰打了這通急救電話，又為何救護車是到國泰醫院，而不是附近的北醫，至今成謎。

這段懸缺，對醫學而言，是所謂的暫時性失憶，必須找到遺失的那塊拼圖，才能讓生命的記憶完整通關；但對她而言，這幾分鐘的人間蒸發，若說是老伴冥冥中伸出援手，或許才最能表達她心底最深最深的思念。

……

在母親的生活裡，離開人世的父親，早已遠在天際，卻始終近在咫尺。

最沒架子的法官

母親在吳興街生活將近四十年，街坊鄰居與常光顧的店家，沒有人稱她是「陳推事」、「陳法官」、「陳院長」或「陳委員」，都稱「姚太太」。

不少老鄰居都曾先後跟母親「告白」過：「姚太太，我昨天晚上在新聞報導有看見妳，原來妳是法官喔，一直以為妳是老師，是也有點像公務員，但是沒想到那麼厲害會是法官，真了不起，以後有法律問題就知道要來按誰家門鈴了……」。

言語之間，頗能感受到這些叔伯阿姨們心中「與有榮焉」的喜悅。

回想，應該是母親擔任桃園地院院長之時，任憑再低調的個性，也不能不面對記者的採訪與追問，因此，那段期間，媒體「曝光率」較高，這位姚太太的「真實身分」也跟著被證實，好像不只是一般的姚太太……

類似「如獲至寶」的驚喜，也發生在傳統市場的攤販之間，雖然早已認識母親多年，但多半暗自猜測她的職業是「作老師的」，直到某天從電視或報紙雜誌的報導，才發現這位三不五時就來買菜的婦女，除了不殺價，也不准老闆隨便亂降價之外，竟然還是某位在法界「打滾」多年的「大人物」。

「原來妳不只是法官，還是院長喔，真是有眼不視泰山……啊不是啦，妳身材保持得這麼好，不像泰山啦，我是說，姚太太妳真的不像公務員，尤其不像法官，那麼親切，完全沒架子……」

美國大孫，今年小二，圖文並茂地描寫心愛的外婆，特別強調：「She is very thankful and very nice。」。

口碑名師

不過，經常「享受」一夕爆紅滋味的姚太太，往往在聽完這些近鄰的真心話之後，只是淺淺一笑，有點不好意思地說：「哪裡，我的確是公務員，也教過書沒錯啊。」

隔天，又一如往常，循著舊路線上班出門、下班回家之前，在巷口附近，把該採買的食材用品買完後，即回到樸實的老公寓，紓解一整天的工作壓力與疲憊，數十年如一日。其實，嚴格說起來，鄰居們的直覺也不能說不準，因為母親的確「作過老師」，而且未成年就先成家教名師。

「我從高一就開始當家教，自籌學費與生活費；其中一名學生是當時彰化銀行的經理，因為經理是受日本教育，沒學過注音符號，所以放學不先回家，而是先到他家教ㄅㄆㄇ。」

母親靠著口耳相傳的好口碑，從一對一教學到後來的開班授課，街坊鄰居爭先將小孩送到她那兒「進補」，成效卓越。

大學一畢業，通過司法官考試，等候受訓期間（當年兩年一期），曾在萬華國中教授英文、地理；印象中，母親也常在下班後，義務為國中階段的親友小孩加強課後輔導，早在政府宣導「窮不能窮教育，苦不能苦孩子」的教育理念之前，就以一己之力，展開夜光天使點燈關懷行動。法袍生涯期間，也陸續在財稅訓練所、公務員人力訓練中心、東海大學法律系等單位授過課。

「老師不能只是單向傳授知識，一定要認知教學相長的道理，要與學生相互學習，知道如何從學生的反應與思想中獲得啟發」，母親雖然不是教育家，卻如此深刻體認「教育愛」的真諦。這也許是到現在仍有不少她教過的學生們和她還保持很好聯繫的原因吧！

所以，說姚太太就是陳老師，還真的一點兒也沒錯。

小孫子的形容：「像一朵花。」

記得多年以前，台灣曾流行一段歐蕾化妝品的廣告詞，男孩問女生：「妳是我高中同學？」女生則回答：「不，我是你高中老師。」意思是女老師用了化妝品之後，青春永駐，能讓許久不見的學生誤認為是高中同學；而這位陳老師，也是如此令人難以置信她已度過七十二回的春夏秋冬。

害羞的小孫子曾坦率地形容奶奶：「像一朵花。」

母親常年外出的造型，是往後梳挽的微鬈髮髻，真的像極一朵溫婉的髮花，數十年如一日。有人說，母親的五官深邃且樂觀開朗，頗有Audrey Hepburn在《第凡內早餐》裡的韻味；也有不少人看到Fragonard「讀書少女」這張名畫，會不自覺地想起書卷味十足的母親。

總之，這朵花正如她大女兒的形容：「很會替人設想的氣質美女。」女人花的魅力，並非靠歐蕾所灌溉，而是來自內心的真誠與溫暖，務實地面對每一天，就像她兒媳貼切的感動：「她愛身邊的每一個人。」

年輕不老的絕招

這樣數十年如一日的外出造型，可別以為就是「食古不化」；相反的，母親對於新鮮的事物一向抱持高度的學習興趣，包括電腦科技的接受與掌握；在政府開始資訊電腦化的初期，就已學會用電腦文書系統處理公文案件，收發email也跟著成為每日固定作息之一；九年前，母親擔任女法官協會理事長期間，完成網站的架設，目的就是希望藉著資訊新科技的運用，讓各地會友們都能更方便地彼此交流，也更迅速地與國際女法官們交流。

近年，風起雲湧的微網誌，像twitter、facebook等，都能見到她的隻字片語，如今，雖然主要功能是如同家族跨國聯絡簿，或如「忘年之交聯誼會」，包括孫子孫女，甚至孫字輩的朋友們，都樂於主動加她為「好友」，互通訊息。

往往，短短幾個字，都在為眾人加油打氣：

「好了，大家加油，但是要記得身體才是第一重要的，不能逞強，Good night。」

偶爾，也會透露一些情緒密碼：「今天（二〇〇九年五月十六日）回國泰汐止安寧病房後，感覺心裡舒服一點，大概是淚水舒放出來的緣故吧！」

根據調查，超過四十五歲以上的微網誌使用者，佔不到使用者的百分之三，那麼，年齡已滿隨心所欲不踰矩還外加兩年的姚太太，其稀少性應可達國家級「保護動物」標準；由此觀之，與其耗神耗財塑身美容，不如先好好保養心靈的彈性，接受並學習新思想及新事物，才是保持年輕不老的絕招。

沒判過一樁死刑案

母親回顧四十年的審判生涯，手上沒判過一樁死刑案。

她承認，法官的最大考驗，就是要去斷定一個人的生與死。尤其若遇到重大刑案，必須面對來自社會各界要求限期定讞的壓力，難免對證據力的要求會特別嚴謹；但事實上，重大刑案的現場，卻常為了某些因素，像是為了搶救危急人員生命等原因，導致現場遭破壞，已採證不到可經科學檢驗的直接證物，例如血跡的DNA比對，最多只能以證人或目擊者的間接證物來證明，「證據力」明顯薄弱許多。

「但你採信這個證人，被告就得判死罪；若採信那個證人，被告就該無罪開釋，幾乎沒有第三種選擇時。」於是，最煎熬的心緒就在這「生」與「死」之間。

印象較深刻的一個從死中逃生的案例，是一名已婚婦女，家境困苦，因緣認識一名黑道大哥，日久生情；她的先生開始懷疑老婆，有天，就跟蹤她的行蹤，果然發現正與情夫在一起，一怒之下，就把那位黑道大哥殺死，並逃離現場。

然而，這位婦女卻在第一時間告訴警方，人是她殺的，於是檢方起訴，但在收押看守所期間，得知先生自殺身亡的消息，於是決定翻供。

「我當時認為，被告突然要翻供，一定有理由，不過，當時的檢察官不信翻供供詞，認為不可採，仍提起公訴。」

「開庭時間，發現這名婦女的生活，其實過得很辛苦，之所以頂罪，應是為了道德上的贖罪，認為自己對不起殺人的丈夫在先；但問題是，即使要放人，也得有足夠證據。所以，我們就請婦女到事發現場，把事件經過重述一遍，經判定無罪，檢方仍再提上訴，但高院則維持原判而定讞。」

這件案子讓母親深感，事情的真相只有一個，但人們很容易被浮在表相的證據或證詞所誘導，而忽略了「水落石出」本身，是需要一點時間的。

法律人應該努力的地方

值得一提的是，母親猶記當時一位法官好友曾當面問她：「如果這名婦女很有錢的話，妳還是『敢』判她無罪嗎？」

這個問題讓母親想起李模老師曾經說過一段智語：「遇到該判無罪的案件，就不要考慮會不會背黑鍋，尤其不能為了怕背黑鍋就不敢判，以為還有上訴審可以救濟，要想萬一上訴審的法官也怕時，那公平正義誰來堅守？」所以，一個法官只要有一個人相信你是清白的就夠了。因此，不能一直顧慮他人的想法而不敢在初審就判定罪刑或無罪釋放，此外，審慎處理翻供也很重要，因為，法官的專業倫理，也應該包括不便宜行事，尤其不對自己便宜行事。

母親強調，在審判上，常會碰到「程序正義」與「實質正義」的衝突，如何取捨的困難，尤其是在刑事案件的審判，許多法官一定有這種經驗。現代法治國家的趨勢，一個不合「程序正義」的判決絕對是違法的，這個原則是一般性的宣示，但是在具體案件中，如果堅持過分，因而失去「實質正義」時，法官究竟要「捨程序求實質」？抑或「捨實質而符程序」？

「早期（也許應還包括現在），我們常會碰到嫌犯被違法地取供，但是，從其他證據卻足以顯示且確認是這嫌犯做的沒錯，確信沒冤枉他，於是，我們判他罪了，但有人或也因此質疑，法官的確信，真的沒問題嗎？」母親認為，這個問題就是和法官應具備「豐富的人生體驗與智慧」有關。

因為，當我們要求法官做出正確判斷的同時，更要同步思索，如何提升法官斷案的「智慧」。

「我以為在具體的個案中，具備這項要件，比任何的學術理論更重要，學術理論在學校裡、在訓練所裡已經上了很多了。在刑事案件的審判中，我們不能忽略該案件中兩造，即被告與被害人中任何一造當事人的權益，否則『司法的正義』還是不完整的。」

對這名從未判人死刑的法官而言，或許關鍵並不在於死刑存廢的辯證，而是對於生命人權的尊重與否。「我必須，」母親說：「總是要為保障被告的人權與被害人之權益著想，應該有一個趨向圓滿的平衡點，而尋求這個平衡點，正是我們法律人應該努力的地方。」

「稱職」——法官最重要的條件

多年前，孫女畫了一張卡片送她，標題很乾脆：「我的外婆很善良」。

其實，外婆的善良行徑，不只在日常生活，也曾發生在專業的辦案過程。

早在票據法有刑責的年代，某男用太太的圖章開票，跳票後，太太被起訴，承認自己用印，還天真地說自己的婆婆、妯娌們也是這樣幫先生蓋章……母親聽完，只確認被告先生的罪行，其餘皆當耳邊一陣風，否則可能會有一干不知者要有罪了……。

這些年，母親經常在思考一個問題，究竟一個「稱職」的法官最需具備的「要件」是什麼？專業的法律素養？廉潔的操守？認真的工作態度？豐富的人生體驗？

她也常反省自問，正義應是不變的真理，但過去經手的案件，若能重新以現在的經歷來判斷，是否仍是相同的思考推演與判決結果？

母親從不諱言，一直以來，她的辦案態度，最大的「缺點」就是「拖拖拉拉」想太多，因此，時常趁著假日在辦公室沉澱思考。然而，最常發生的狀況，就是對著卷宗發呆冥想，但「放空」之必要，其實是因為只有透過反覆思索，才有希望能找到真正的「正義」所在。

「雖然有時無功而返，然而在這思考的過程中，常會發生許多思考方向的矛盾與不平衡；於是，日子，就在揣摩正反兩面之雙重利益及取捨兩難之間，悄悄地溜走了。有時，再經過更深層的推理思考之後，最終的判決結果，可能又回到最初思考的原點，看似繞了一大段路，但是，心底的感受卻相當踏實、更加地心安理得。」

然而，母親也承認，這樣子的「慢工出細活」，有時難免會影響到當事人的權益，而這也是母親一直質疑自己究竟能不能算是真正優良法官的考量因素之一，畢竟在講求速度、追求績效的年代，慢慢來，是不怎麼受歡迎的說法。

尤其，遇到一些愛莫能助的案件，也常覺得懊惱。母親雖然也認同，簡潔、明快、正確的辦案成效是最理想的狀態，但是她一路走來也發現，「快」，不見得一定出錯，但是，「慢」也有慢的奧義，把某些難題交給時間醞釀處理，也不能說一定沒道理。

母親憶起早期辦過一件兄弟鬩牆互告的案件，案情大約是兄告弟侵占，但親屬間侵占是屬告訴乃論之罪，如能和解不告即可結案，但若一人堅持要告，不能和解的話，法官就一定要判出個所以然。

於是，在「績催」的壓力之下，她判定被告的弟弟侵占，結完一件判決，也增加了一項業績。但沒多久，母親輾轉得知，被判有罪的弟弟竟然自殺身亡。她還記得那時的震驚：「我感到非常的震撼與不捨，相當難過，儘管法院要求法官限期定讞的壓力確實存在，但是，如果是現在，或者我能回到從前，現在的我，一定會告訴當時的自己，緩一下，勸解一下，也許兄弟能和解不告了，結果，一定會更好。」

這並不是說，自殺者就一定代表無罪，但是，法官辦案的節奏，在快與慢之間，如何顧及辦案的品質，才是最重要的，尤其在面對動輒牽動生命的判決。

「回想一下，其實無非就是一點點的時間琢磨。多一分鐘，多一小時，下一秒鐘，我可能可以讓這個世界，減少一個自殺者，無論他究竟是否有罪。」於是，母親結案的速度，應該是數一數二的「慢」，也許就因為她認真對待每個案件，不放棄任何可以讓真理浮現的機會，即便是在公務員懲戒委員會從事的審判工作性質，也是如此。

「例如，大部分案件，都很容易得到結論，但偶爾，也會遇到某些案件，會發生取捨兩難的情形，很難驟下定論，需要費點心思，抽絲剝繭。」母親認為，對於公務員的懲戒，有時，不一定僅只是被付懲戒人本身應否受懲戒的問題，還必須兼顧如何維護公務人員的「官箴」，至於處分輕重的決定，則是每位公懲會委員從不同角度與經驗去評估衡量，最後得出的多數意見，母親說：「這也許是當初懲戒制度採取委員制的原由之一吧。」

意外捎來的感謝信函

今年年初，母親收到一封從杭州寄來的掛號信，以毛筆親書的墨跡，端正工整，在電子郵件當道之下，反而格外引人注目；只是，雖說家族中，確有親人已在彼岸工作、生活，但她實在回想不起來，會是哪位親友或舊識，需要特意將郵件寄至司法院公懲會再予以轉交？

納悶的拆信閱讀之後才知，寄件人方君，四十年前，因與一修士有隙，涉及牧場侵佔之訴訟，時值母親在新竹地院擔任推事，經其審理判定無罪，方君為此長年感念母親之正義明達，字裡行間，充滿掛念之情，並簡述當年的牧場，已由某夫人收購，繼而這三十多年來都飄泊在國外，曾旅居薩爾瓦多、比利時、羅馬等地，最後舉家移民美國紐約定居，如今兒女均有為有守，事業頗具成就，孫輩們皆於長春藤名校攻讀博士學位，先後即將畢業，未來潛力指日可見，欣慰之餘，尤其希望能當面會見母親，表達深深謝意。

「所以，妳會答應杭州方君見面之邀嗎？」

「不了，仔細想想，我所做的判斷，本來就是一名法官應盡的責任，並不是因為誰是誰而對他持以差別待遇，實在無須接受特別的道謝，其實，信函文字已致意，我也相當欣慰方君的家人皆平安、健康、富足，這樣就夠了。」

這封意外捎來的信函，推算書信者之年歲，應已逾九旬之福壽，究應允諾抑或婉拒較為得宜，略顯為難，思量忖度之際，塵封往事亦隨著記憶的微風，緩緩飛揚。

母親想起剛出道辦案的糗事，「不過，可能很多人都已聽我說過了……。」

法官不是神

有次審理賭博案件，因為不知天九牌是什麼模樣，是像平面的撲克牌？還是像塊狀的麻將？幾張才能玩？遊戲規則又是什麼？所以，一聽被告辯稱「因為牌不夠，所以不能玩」的時候，自己就先心虛，不敢再繼續問下去，不然很可能一問就露餡。

還有一次，當年母親還不清楚麻將玩法，一聽被告輕描淡寫地解釋：「那天我們一檯只玩十塊錢。」就掐指一算，覺得金額果真不大，才幾十塊，就讓被告交保了；事後才知麻將檯數的算法非常多樣，一夕之間輸贏好幾萬並不少見。同事因此「提醒」她：「幸好妳是新人，長官不會懷疑妳（收賄）！」

這次經驗也讓母親更加警惕判案的角度，畢竟日常生活領域何其多元，堅持真理也別忘了法官自身知識與經驗的局限性。

為了因應許多年輕法官「涉世未深」的生態，目前國內司法官訓練所已加強這方面的預備教育，設計多樣的活化訓練課程，例如，帶學員參觀國外的合法賭場或色情場所；或要求學員要會開車，以解決日漸增多的車禍糾紛；又或要求學員必須去證券交易所實地訪問，以因應防範新型態的經濟犯罪如炒作股票等活化課程的設計。但這些活動能達到片面的輔助功能，卻不能比自發的學習與領悟來得深刻。

對母親認為，法官不是神，不可能不犯錯，但必須主動多看、多聽、多學、多問、多想，以身作則地關懷世界，繼而隨著辦案經驗的累積，彌補象牙塔外社會經歷與見識廣度的不足。

榮獲「優良法官」肯定

熟悉母親的人，或多或少都曾聽她提過，民國四十七年，考大學的時候，天文物理才是她真正的第一志願，當年聯招不分組，全部的科系皆可選填，母親的數學在北一女六年中，常考滿分的，是數學資優生，想當然的志願，都填了理工科，卻沒想到放榜時，因為數學只考五十分，竟然是分發法商學院就是後來的中興大學法律系。母親想想先休學當家教，一年後再考，結果雖然考上數學系，但是私立大學的學費實在太高，於是乖乖回中興法律系報到。

「是上天一定要我走這條路的吧。」直到深入探究之後，才驚覺，原來這個領域如此動人。再回首，已近一甲子。

五年前，這位不像法官的法官，也不想當法官的法官，榮獲「優良法官」的肯定，這對謙虛的母親而言，是殊榮，也是壓力，甚至五味雜陳。

「我內心裡，曾認真地自問過，我真的夠資格嗎？」就在優良法官頒獎典禮前一週，有同仁質疑她當選優良法官會不會感到羞恥和慚愧？

「說實在的，心裡還真的覺得有點不安……但是，即使真的還不夠『優良』，只有在往後的時間裡，更加努力地去做到『名副其實』。」母親總能如此勇敢又坦率地面對批評與爭議。

此外，面對司法改革議題，母親曾公開坦言：「司改演變到這樣的狀況，我個人實在感到很憂心。即使我答應多辦幾件案子，也無助於行政法院的積案，縱然司改的過程出現一些不順遂，但它所要達到的最終目標，我們是支持的。試問，目前兩千三百多萬的人口，有沒有理由需要將近兩百個三審的法官？」

不過，母親也顧及終審法官的立場及感受，她說：「因為要貫徹司改會議的決議，要在剛完成的訴訟制度尚未發生應有的疏解訟源功能、積案仍多的情況下，就急著精簡人員、凍結人事，不免讓三審的司法人員感到有些困惑，這是存在。終審法官都是從一審二審、歷經各審級的歷練，始能有機會到終審辦案，我相信，這些法官並不為了貪圖大官權勢，而是作為一個司法官能到終審機關辦案，自己的法律見解有機會能成裁判先例，是一種『榮耀』，更是一種『自我價值』的肯定。若只以貪權謀位的角度來解釋一種浪漫的內在自我追尋，誰能不懊惱理想遭到誤解。但是，仔細想想，路走到這裡，無論由誰來主導，司改本身還是要繼續這樣走下去。重點是如何走得更順更美好，如何讓司法同仁們心甘情願地（雖然不一定能快快樂樂地）趕案子的向心力重現回來，是需要大家一起努力凝聚的共識。」

在台灣，法官是終身職，因此，穿上法袍那天開始，即已互為彼此忠誠的生命夥伴。母親特別強調：「司改必然涉及整體社會結構的變遷，應是一條永不停息的反思與實踐之路；許多爭議，或許只有留待歷史來見證，但身為一名法律人，我們既然以追求公平正義、保障人權為職志，面對改革的過程，無論如何，都是不容推辭的。」

然而，她低調的個性仍再次聲明：「不只我這樣想，我相信很多同仁也是這麼想，說實話，我並沒有什麼特別了不起的地方。只希望社會大眾不因少數法官負面行為的影響，而失去對多數自始至終堅持默默行事法官們的尊重與信心。」

司法阿信

熟悉母親生平故事的人都知道她有三個媽媽，生母、養母與義母，也都知道她出身貧苦，甚至有媒體以苦讀出身的「司法阿信」來形容她的法律仕途；然而對她而言，升學的最大問題，從來就不是考不考得上的問題，而是讀不讀得起的問題；即使能因北一女初中的優異成績保送到高中部，但真正需要解決的，仍是學費及生活費的現實問題。

初中考上北一女，三年的優異成績讓她得以保送高中部，但養母家境清寒，籌不出學費，那時，母親天天去行天宮報到，擲筊問天，「會不會繼續讀書？」每回都是聖杯：「會。」但眼看註冊時間都過了，還是籌不出錢，養母說還是去工作好了，母親也認為有責任要幫忙家裡，但即使已開始找工作，可內心深處還是聽得見自己是多麼想讀書。果然，「心誠則靈」，初中同學的父母，也是後來的義父義母，父親是醫生，家境優渥，原本是希望能引薦好工作，沒想到，得知母親狀況後，即協助她出了第一學期的學費，度過了難關，往後也不停地給予母親實質與精神上的肯定與鼓勵。

堅毅溫暖的生命圖像是老伴的愛與孩子們的笑。

逆境中仍不怨天尤人，從此，奠定母親「謀事在人，成事在天」的處世基本信念。從此，對天對神明，母親自有一套信仰法則，每年年初，都會為家人卜卦探問整體運勢，作為人間行事的參考，也會在台北的某廟、某寺、某宮，為家族三代，點盞光明燈，消災祈福，但求人人平安順利好福氣。

如今這位資深「小綠綠」行有餘力，不僅定期提供獎學金，勉勵後進認真讀書的學妹們，偶爾也會幫助一些剎那間觸動她靈魂密碼的過客……

去年某日的衡陽路上，一名年輕學生模樣的女孩突然跑來跟母親開口借錢，理由是沒錢繳學費，母親不是完全沒戒心，只是她心想，若女孩真是上學需要錢怎麼辦，尤其見著女孩無助焦急的表情，讓母親想起自己為學費求神問佛的不安心緒，於是，二話不出，掏出一張千元紙鈔塞進女孩手中，叮嚀她好好念書，之後，就望著女孩拿著錢奔上公車的模樣，彷彿追公車的背影就是青春的自己。等公車遠去，回過神，才警覺某些端倪，只能暗自祈禱這位女孩能因此受到一點感化，別誤入歧途，快回學校讀書去……

虛實之間，過往的掌聲漸行漸遠，腦海裡浮現一位身著綠衣制服的清澀女學生，是否，這些紙鈔，其實是給了年少忙著打工籌學費的自己？抑或如三女兒的掛心——「愛心充沛，但愛別人超過愛自己」。

放在心頭的一把尺

母親一向深信「讀書能改變命運」，總是鼓勵身邊的每個人，一定要多讀書。在她讀過的眾多書籍裡，《紅樓夢》是影響她最深，也是她讀過最多遍的愛書。

「初一剛開始讀的階段，我也很自然就被賈寶玉和林黛玉的愛情所吸引，然後，從初二開始，就迷上書中各回的詩詞意境，像是紅豆曲、葬花詞、紅樓夢十二曲，都還能記個一、二句；到了初三，則細細玩味著大觀園裡的愛欲情仇與人生百態……」一談到《紅樓夢》，喜愛的神情宛如談論偶像的粉絲少女；就不知《紅樓夢》的人情世故與人生百態，與母親專精繁複細膩的「行政法」之間，有否微妙的關連？

「賈寶玉固然很難不讓人多看幾眼，但我其實對其中一個不理他的戲子所引動……」母親讀《紅樓夢》的目光，逐漸從林黛玉轉移到書中那位不曾為賈寶玉所動的齡官所吸引；齡官情繫賈薔，賈薔亦深戀齡官，三千寵愛集一身的賈寶玉，先遭齡官婉拒唱一曲牡丹亭，後又因聆聽兩人深情款款的對話而領悟，人生情緣各有分定，從此不敢奢望別人的眼淚。

這段戀情，不只讓賈寶玉領悟，青春年少的母親，也因此深刻體悟，感情是兩個人的事，不得強求亦強求不得。因此，對於兒女們的婚姻對象，心中不是沒有一把尺，只是那把尺是放在自己的心頭，不會用來限制或強迫改變每個人的主觀意識，這不是一般父母能放手做到的。

不只是感情，基本上，母親教育小孩的觀念，在很多父母眼中必然是屬「自由放任」學派，但與其說是一種「無為而治」，不如說是對自己的孩子具有深沉無私的愛與信任，正如相信自己那般的真誠與強烈。

幾年前，有北一女學生自殺，遺書上提到自己受到尼采哲學的影響，母親的內心泛起微妙漣漪，因為事件裡的情緒似曾相識，是以她從不覺得責備自殺者是無知又自私的；很難想像，堅強的母親，也曾在花樣年華的年歲，萌生自殺的念頭，「但那不是厭世，也不是為賦新詞強說愁，應該說是一種生命與思想的過程吧……」，後因母親的責任感，顧及養母生活的重擔，不忍驟然離逝。

想是因為這份孝順感恩又知命的心念，使她總能在生命的關卡上，巧遇貴人。連夢中，也曾出現仙人手持仙丹要當時身體違和多時（久咳？）的母親即刻吞下，隔天竟神奇地康復經驗，回醫院複診，主治醫生也忍不住好奇地問一句：「吃了什麼仙丹嗎？」

環顧生活周遭，不難發現有些事業有為或家財萬貫的社會人士，對他人或者對自己，都相當吝嗇小氣，且斤斤計較，但人們往往以「因為他是苦過來的」為理由來詮釋；但國二、小五的孫子兄弟倆，都不假思索地形容同樣苦過來的外婆：「慷慨大方」。就連三位女婿，儘管個性迥異，也都不約而同地形容岳母：「慷慨又溫暖」。可知母親的慷慨是親友們的「福利」，更是彼此有目共睹的「福氣」。

美國小外孫用最天真純淨的語彙「happy」，形容他的grandma，卻似最能充分顯現外婆豐富而美好的內心世界，沒有一般專業人士不自覺的傲慢習氣，平凡中的睿智與優雅，特別迷人，耐人尋味。

難免猜想父親當年是否也是因此深受吸引……

四十年下來，法律已成為母親生活的一部分，儼然已是生命中不可遺忘的堅貞伴侶。然而，近月以來，母親咳嗽未癒，為人子女在尊重母親對待身體態度的同時，也不時嘗試說服她就醫診斷，懸掛在放心不下與放不下心之間。或許，母親仍相信，多年以前夢裡的仙人會再來昭示神諭；或許，母親，寧願選擇浪漫的等待，等待那位比堅貞伴侶還早攜手共行的老伴，入夢相依，問一聲，現在好嗎？

劉初枝

——不畏包袱，勇於改革

【本文作者】張家瑜（律師）

劉初枝

・一九四二年在廣州市出生。三歲隨父母返回同盟國美軍轟炸後的台北。五歲時台灣發生二二八事件，七歲進小學，不久蔣介石的國軍以雙蓮國小為陸軍第56醫院院址，收容患肺結核士兵。六年中學在台北第一女子中學度過。

・獲台大法學碩士學位後，留學奧地利，取得外交學院文憑。與夫林山田、三弟劉幸義在二十世紀八十及九十年代共同關心台灣民主發展，積極參與台灣民主化的社會運動，被台灣人權促進會第一任會長及民進黨第一任主席江鵬堅先生戲稱為「一門忠烈」。

楔子

劉初枝教授求學過程順利，就讀北一女中時，即對外文十分有興趣，原本打算大學念外文系，但聽高中同學孫美容說讀外文系只能當洋買辦，愛國的她心想洋買辦不是她想從事的志業，故轉變志向，從北一女中畢業後以第一志願考進台灣大學法律

簽署第一份公文（1994.12.25）。

系法學組，並立定志向從事法學研究，畢業後即報考研究所，繼續法學研究生涯。

劉初枝教授在大學時期仍不減對外文的熱情，自大學二年級即選修德文為第二外文，當時蔡章麟教授大量使用德文教授「民事訴訟法」，讓她對「民事訴訟法」十分感興趣。就讀研究所時本來想找蔡教授指導民事訴訟法相關論文，但因蔡教授認為最好有法官之經歷再研究民事訴訟法較為合適，故她只好作罷。之後改由劉甲一教授擔任她的指導教授，劉甲一教授是當年法研所唯一一位留美法學博士，指導她以〈外匯管制法制之研究〉作為論文題目，開啟她接觸國際貿易相關理論與學識之門。

父親資助，前往奧地利留學

她於研究所念書時，當時的教育部部長黃季陸提倡鼓勵學生前往歐洲留學，並成立歐洲語文中心。原本即對外文非常有興趣的她立刻報名參加成為歐洲語文中心第一期結業生，並在教育部辦理之歐洲語言中心擔任助教，一邊念研究所一邊工作，更增進她深厚之德文造詣。當她從教育部處得知奧地利維也納外交學院提供一名獎學金名額給台灣留學生時，便毅然決定前往維也納參加考試爭取機會。

劉爸爸用四萬塊新台幣換了一千元美金給她。買機票就花了六百三十七元美金，剩下的錢換成支票及零錢，作為她奧地利留學費用。

那是她第一次出國，一九六八年八月二十一日第一次離開台灣土地，踏上未知的國度展開留學生活。身上帶著三百美金的支票跟一張記載著奧地利當地某位學音樂的台灣學生家地址，一個女孩就自己坐飛機飛到奧地利去。

剛下飛機的她人生地不熟，不知道東南西北該往哪去的時候，剛好遇到一位因公自日內瓦赴維也納開會的我國駐外官員拓國柱先生同機。這位官員詢問她要去哪裡，一心飛來維也納參加考試爭取留學獎學金的她還真的不知道落腳地在哪，率直地回說：「不知道。」正好有台灣駐國際原子能總署代表處人員韋耀琪先生來接機，拓代表就囑咐韋先生就近照顧這位同胞女生。誰知，韋先生一聽說是要去外交學院參加考試，就用車直接載她到位在維也納十九區的代表官邸，把她丟給他的頂頭上司——

當時中國民國駐原子能總署代表俞叔平大使。她直到進門見到大使才發現：「啊！是老師！」原來當時被外交部派駐奧地利的俞叔平大使曾任台灣大學教授，在法律系開刑事訴訟法，教過她。就這樣幸運地在俞大使家當起幾天的食客，專心地準備一週後的入學考試。

最揪心的遺失

在那留學生不多的年代，代表處跟留學生的關係緊密，後來任大法官的城仲模夫妻當年（一九六八）就是由俞大使利用國慶日前夕在官邸舉行慶祝酒會的機會，幫他們證婚。當時尚有另外黃越欽一對，同時舉行婚禮。她就是在那個場合認識未來的媒人——城仲模。

入學考試放榜，優秀的她順利通過考試取得全額獎學金資格，看完榜單確定可入學，還有宿舍住，開心著不用擔心食宿花費問題，立刻打公共電話向俞大使報告好消息。沒料到糊塗的她講完電話後竟忘了錢包還放在電話機上就離開，等到發現趕回去電話亭時錢包早就不翼而飛了！

錢包裡有三百美金支票一張、零用錢跟學音樂的當地某位台灣留學生的聯絡地址，那幾乎是她當時所有的家當。幸好當時外交學院裡有位上一期的華人學長鄭南生，立刻出手相助，帶她去警局報遺失。不知是否是太緊張，她誤以為三百美金支票是美國銀行（Bank of America）開的，學長熱心地查到維也納有美國銀行，就帶她去申請掛失。維也納的美國銀行打國際電話回美國總行，美國總行又打電話去台灣的美國銀行分行，三方國際電話打來打去，怎麼樣就是沒查到這筆支票的資料。最後才發現原來支票不是美國銀行開的，而是台灣銀行（Bank of Taiwan）開的，這個烏龍事件後來在美國銀行及台灣銀行的協調下，順利讓她在維也納的美國銀行開戶，並存入該筆尚未被領走的三百美金。大錢雖然順利追了回來，不過來來往往的三方國際電話，讓劉爸爸多花了兩千多塊台幣的國際電話費。

她的第一次留學奧地利，共花了劉爸爸四萬兩千多塊新台幣。

暑假被外交學院趕出門學語文

維也納外交學院有宿舍供吃供住，讓她平常不用愁生活費，不過一到了暑假，外交學院就把學生全都趕出門去，強迫學語文。所以她只好規劃第一個月去瑞士法文區Neuchatel的語言學校學法文、第二個月去日內瓦聯合國的圖書館找論文資料、第三個月去西班牙Sevilla大學學西班牙文。

第二個月的日內瓦，透過因寄宿在維也納外交學院而認識的英國高中畢業生Craig Jenks找到落腳處。Craig的爸爸是英國人，媽媽是美國德州人（老布希總統的表妹），因為爸爸Wilfred Jenks在日內瓦國際勞工局（ILO）任職副局長，所以全家居住於日內瓦一棟大樓內的公寓。經由Mrs.Jenks的協助，在同棟大樓找到一戶兒子正好出遠門的鄰居，好心將兒子的套房充當起民宿讓她租房窩身。

在日內瓦的一個月，平日就去圖書館找資料，週末沒事她就往外跑，要不就去參觀美術館，要不就去博物館，充實人文素養，好不愜意。有一天她在電車上遇到一位中年男子搭訕：「後天有個party要不要來參加？」她回問：「有多少人參加？」中年男子竟回答：「就妳跟我兩個。」還告訴她自己的名字是Quy。她回答：「真不湊巧，當天我已受邀，Mrs.Jenks邀請我去她家吃晚飯。」中年男子一聽到Jenks的大名當場臉色發綠。原來中年男子也在國際勞工局工作，一聽到身旁年輕東方女孩居然是頂頭上司家庭聚會的受邀貴賓，當場嚇傻，不敢再繼續兩人party的話題。

Jenks太太是為了為她餞行而請客，也請了老朋友瑞典大使夫婦。Jenks家境算富裕，有幫傭，但幫傭的老太太顯得老邁龍鍾，當天的晚餐兩個兒子，即Craig和弟弟Bruce，得幫忙端菜上桌，這讓她見識到西方人的平實作風。

聚會後的隔天，她買好夜間火車票，準備從日內瓦搭火車經過法國前往西班牙。因Mrs.Jenks叮嚀，還特別加買了臥舖的車票，準備晚上出發一夜好眠後，醒來就可以看見西班牙風光明媚的景光。誰曉得一上火車，檢查員來查票時，要求她出示護照，火車檢查員一看護照就說：「妳怎麼沒有法國簽證呢？」她不解地回問：「我又不在法國下車，我是要在西班牙下車，我有西班牙簽證。」火車檢查員：「不行，妳還是要有法國簽證，現在立刻去妳的國家的大使領事館請他們協助辦簽證，還來得及。」她回道：「我的國家在日內瓦沒有大使領事館。」火車檢查員不信，跑去拿了電話本翻到「People's Republic of China」領事館，指著說：「明明就有，這不就是嗎？」她也不讓步，把自己的護照翻到第一頁，指著：「Republic of China。」說：「我們是Republic of China，不是People's Republic of China，沒有People！」這真強人所難，總不能叫她去中國大使領事館協助辦法國簽證。她後來只好退掉火車票和臥舖票，改買第二天的機票，直接從日內瓦飛過法國領土到馬德里，省卻要去哪辦法國簽證這道麻煩手續。

暑假的第三個月來到西班牙塞爾維亞大學附設的暑期語言學校學西班牙文。這是由外交學院安排的。出發前，具奧地利籍和其他像法國和德國的同學都有西班牙政府給的獎學金，她卻沒有，非常不平，就請俞大使託我國駐西班牙大使幫忙爭取，也獲得正面的回應，馬德里的大使館還真的幫她打電話去跟西班牙外交部爭取到與奧地利生同等待遇的獎學金。知道獎學金有著落才敢去。哪知等呀等，語文課程上了三個星期，再一個星期就要結束了，怎麼錢還沒下來。眼看生活費快要窮盡，她下定決心買了火車票直接殺到位於馬德里的我國大使館去詢問。

在赴馬德里的火車上有西班牙巡邏兵檢查車票，每個乘客都乖乖出示車票驗票，但她鄰座的男子卻不拿出票，反而秀了一下領口別的徽章，巡邏兵看了徽章後也沒驗票，恭敬地點頭敬禮後就離開。年輕的她掩不住好奇心，直接就問：「你那徽章是什麼呀？」男子得意地秀了領口的徽章，她這才看清楚上面有西班牙文的「安全」兩字，原來男子是國安高層，難怪不用驗票。兩人聊開後，這位西班牙國安高層男士還跟她約在馬德里的名勝太陽門，說要帶她去觀光。不過聰明的她可不敢赴約，放了人家鴿子。

歷經波折的她終於抵達馬德里大使館，卻發現大使（朱撫松大使）度假去了，幸好熱心的曾憲揆參事幫忙，他用極其流利的西語聯絡西班牙外交部關於政府獎學金事宜，三兩下就搞定了，但是須等二天，才會將獎學金現金交給大使館轉交。她真心地佩服曾參事，讓她過兩天終於可以安心離開西班牙回奧地利去。

關於在馬德里等候拿錢的兩三天時間，曾參事找了一位當地台灣留學生協助解決住宿問題。經由這位留學生的介紹，她暫居在一所中學（Collegio Mayor）的修女宿舍。晚上修女們用餐後講笑話，說三個修女要去梵諦岡見教皇，在聖彼得大教堂接待的人要三個修女坐在等候室的板凳上等一下，後來三個修女起身進去時，發現三個修女的衣服後面印有「保留給教皇」字樣，原來板凳上油漆未乾轉印到修女的後下半身了。比起笑話本身，她更驚訝原來修女也會說帶點顏色的笑話呢。

為了省錢，從馬德里到巴塞隆納坐火車，再從巴塞隆納搭飛機回維也納，需要在巴塞隆納過一夜。當時的西班牙在佛朗哥軍事統治下實施宵禁，晚上過九點後是不能直接進旅館屋內的。她不知道這規矩，傻傻地敲門，旁邊的人探頭出來跟她說：「妳不能這樣直接敲門，要去路口拍幾下手就會有人來帶妳了。」於是猶如阿里巴巴故事裡的通關密語般，她就乖乖地到路口那兒拍拍手，還真的有身上掛滿鑰匙的人冒出來，問她要去哪，才領著她去投宿。

就職未成，先結婚養老公

外交學院畢業後，她經由可靠的有力人士介紹，獲得了去瑞士日內瓦國際勞工局的面試機會。買好火車票，準備從奧地利經過德國前往瑞士。當時在維也納大學攻讀博士的城仲模把正在德國杜賓根大學留學的小學同學——林山田的地址給她，希望她路過德國時有人可以照應。孰料，一到德國遇到林山田，兩人因對國家大事理念相近，相談甚歡，認識三個月就在當地閃電結婚了。這婚一結，她也就沒去瑞士國際組織面試，留在德國陪老公念書。

全家一起爬玉山。右為丈夫林山田，左為兒子。

在德國結婚，不但婚前要出示單身證明等，還要由市政廳公告八天，期間沒人有提出異議，才可以安排日期締結婚姻。她跟林山田兩人為此還寫信回台灣，請里長出示未婚證明寄到德國，再自己翻成德文，由杜賓根大學東亞語言研究所講座教授Prof. Eichhorn認證後，提給市政廳。

在承辦公證結婚的官員面前完成簽婚姻契約的手續後，官員問說：「結婚證書要幾份？」兩位念法律的新人想了想，依著一般契約慣例回道：「那就一式兩份吧，各執一份為憑。」

她跟林山田兩人閃電低調結婚，連新人在內請客人數不超過六人，原本以為沒什麼人知道她已婚，但結婚不過三天，社區大學的學生Frau Weber（杜賓根大學圖書館管理員）卻在課堂上突然跑來跟她道賀，她才知道原來當地政府還將他們的婚姻成立在報紙上公告周知。現在如果去杜賓根市查詢一九七〇年五月二十七日的檔案，說不定還能查到兩人的結婚登記資料呢。

老公林山田熱愛大自然與攝影，雖然也是拿著省政府的獎助金出國去瑞士唸書，但一到機場就把那筆錢拿去買相機了。放棄念經濟，離開瑞士轉到德國改攻犯罪學，雖然瑞士天主教教會方面繼續給獎助金，但仍得一邊念書一邊打工教人柔道賺取生活零用金。後來拿到德國巴登威登堡邦政府獎學金，就辭謝了瑞士方面的獎助。

而她結婚前後，不但到法學院去旁聽非訟事件法和民事訴訟法課程，還白天在杜賓根大學東亞語文研究所兼任教中文，晚上在社區大學教中文，又透過高中同學丘蕙萃的介紹，還兼一家化學出版社按件計酬的打字工作，一人三張稅卡（依德國法律每一個工作均須申辦一張稅卡）幫助生計。不過因為她過於優秀不小心拿到杜賓根大學東亞語文研究所兩年專任特聘講師契約，優渥的收入害老公的邦獎學金資格被取消，所以只好靠著教授中文收入一肩撐起家計養老公。

婚後繼續進修，取得博士學位

林山田拿到杜賓根大學博士學位。一九七二年夏天，她陪老公繞經美國日本回台。林山田學成歸國一年後的一九七三年，她履行完特聘講師契約，回國在中央警官學校任職，教授民法及德文課程。教書兩年半以後，深深覺得未能完成博士學位十分可惜，在老公林山田的鼓勵及家人的支持下，她辭去教職，於一九七六年二月再度回到德國杜賓根大學攻讀法學博士。當時兒子才一歲多，將兒子托給媽媽照料後，單身負笈留學。她在曼谷轉機時，聽到有小孩哭聲，想到自己年幼的兒子，不捨之情突湧，不禁掉下淚來。

第二次的留學，她跟隨德國非訟事件法泰斗——Fritz Baur教授攻讀博士學位，撰寫關於婚姻解消後法院程序之論文，同時，在德國區法院家事法庭見習。經過三年多的苦讀，終於順利拿到法學博士學位，留學期間家人寄給她錄有兒子童言童語的錄音帶跟紀錄兒子成長過程的書信，成為她最大的精神支柱。

Baur教授對於一個東方（台灣）女性能在結婚、就業、生子後，毅然隻身到海外攻讀博士學位甚覺難得，所以衡量各種條件及表現之後，主動推薦給諾曼基金會（Friedrich-Naumann-Stiftung），讓她獲得每月一千馬克的進修獎學金直到完成博士論文。相對於當時德國政府給外國學生的交換獎學金為每月六百馬克而言，這個進修獎學金算是高金額。博士論文通過口試後，Baur教授推薦給德國出版社出版。由於博士論文的市場通常不大，出版社都會要求作者給出版社印刷和廣告費作為條件。五千馬克在當時是一筆不小的錢。

在德國留學期間，有關國內的消息來源都是靠著教育部贈閱的中央日報海外版。一九七九年有一天她看到中央日報報導菲律賓政府扣留台灣漁民的漁船跟人的相關報導，深感氣憤。人在國外但心懸台灣的她立刻提筆寫信給當時的總統蔣經國先生，提出問題解決的建言。分層次提出解決之道，表示：第一、我國政府應立即宣布我國領海為十二海浬，經濟海域為兩百海浬；第二、派遣我國海軍軍艦在經濟海域上巡邏保護我國漁民和漁船；第三、經濟海域重疊而發生護漁衝突時，由我國外交部出面與菲國政府談判。一九七九年十一月十四日當時內政部部長邱創煥先生回函致謝表示：展延我國領海為十二海浬，經濟海域為兩百海浬一事，業經總統命令「照案實施」。不過事實上，直到二十年後我國內政部才正式宣布我國領海為十二海浬，經濟海域為兩百海浬。她勇於提供建言給政府，可惜政府對於知識分子憂國憂民之建言卻僅草草回函應付。然而她並不因此而灰心，仍然持續關懷國家大事，並奠定她往後擔任公務人員時，認真傾聽每一位基層人員之建言與心聲的態度。

學成歸國，奉獻所學

一九七九年她順利完成學業取得法學博士學位學成歸國。本想在母校——台灣大學任教，寫信給台大校長閻振興與台大法學院系主任楊日然教授表達謀職的意願。閻振興校長在六〇年代末曾任教育部部長，並曾於一九六八年任職教育部部長期間出公差前往奧地利，而她當時正好住在俞大使的大使官邸等候放榜，故與閻振興有過一面之緣。可惜當時台大在同一年已先聘任邱聯恭先生擔任非訟事件法課程，無缺可聘，她只好另謀他職。

命運之神總是特別眷顧優秀的人才。三個月後，她就接獲台灣省國民學校教師研習會主任崔劍奇先生力邀，參與國民小學社會科課程之研究發展。此課程之原始目標在從小培養學生之法治教育。這是為什麼崔主任極力要她去的目的。她進入這個機構後，領導幾位國內外有關教育、歷史、統計等方面的碩士和小學特優師資，一起擔負開發社會科課程實驗教材的工作。在目標設定上，增加了社會關懷和喚起環境保護意識。策略上大量參考美國、德國社會科之教學資料，加上崔主任聘請美國Bishop教授引進問思教學法（inquiry）。作法上斟酌教育心理學的研究發現，活用社會科學研究方法，來開發教材教法，十足科際整合，對於國內小學教育之扎根深具意義。當時兒子正好小學一年級，正是她該實驗課程所關懷的年齡層。於是她就深入觀察兒子的一舉一動，了解小學生的學習思考與心理，從中獲得啟發設計出符合小學生的課程。

一九八三年四月十一日她在台灣省國民學校教師研習會已任職滿三年，原以為根據公務員服務法她可以有七天休假，卻被人事官員告知自一九八四年一月一日起始有權休假，率真的她為抗議不公的制度，毅然選擇離職。

離職後不久，收到輔仁大學法律系黃宗樂教授之邀請，得知輔大法律系有教職缺額，她就前往輔大擔任專任教職，先後開設強制執行法、國際私法、破產法、民事訴訟法、非訟事件法、公證法、國際民事程序法及法學德文等課程。她在輔大專職任教，直至二〇〇四年退休，達二十一年。在教學生涯中，她始終熱愛教學工作，並與學生互動關係良好，是學生心目中的好老師。

兩度借調公職，導入革新風氣

於輔大任教期間，她曾兩度被借調公職，暫時從學者轉換跑道到公務員系統。第一次是在一九九四年十二月陳水扁擔任台北市長時，她應陳市長之邀，自輔大被借調至公務人員訓練中心，主持台北市公務人員的在職教育訓練。學者出身的她，沒有傳統官僚系統的包袱，也沒有高高在上的官架子，取而代之的是豐富的法學教育經驗與二次留學所培養出來的國際宏觀。對她而言，轉換跑道，只是教育的對象從大學法律系的學生換成公務人員，身為教育者的熱忱從沒有因為「當了官」而改變。

在她擔任台北市政府公務人員訓練中心主任的任期期間，推動各種公務員觀念及服務革新運動，將法治教育及國際觀深植公務人員訓練體系，培養公務人員重視社會生活中種種人文與生態環境的認識與關懷，配合陳市長的「市民主義」宣示，創新第一線公務員的「服務形象」，首先顛覆了戶政事務所的軟硬體服務形態，讓市民及海外回國的僑民驚奇台北市政府對民眾服務品質的改頭換面。之後，服務形象的訓練逐步擴及區公所、圖書館、監理處、自來水處等等與市民生活攸關的單位，為傳統制式的公務人員訓練活動中注入一股清新風氣。

說到「市民主義」，有個趣事。台北市政府公務人員訓練中心的訓練課程中的主力艦是股長班，八星期到六星期期程的住班訓練在最後結業時，依例有晚會，由當時受訓的住班學員設計表演節目。台上所有學員在表演中，手比出四指，而說口白：「這是個四民主義的時代！」節目結束後，教官班就有人深不以為然，認為誣衊了三民主義。

在台北市政府公務人員訓練中心接受訓練課程的不只是基層的公務人員，由人民選出的台北市議會議員及新官上任的台北市政府各機關首長也為了學習如何當一位稱職的「人民公僕」而專程前往訓練中心接受訓練。這對剛到任沒兩天就必須接連舉辦台北市議會第七屆議員研習會及台北市政府各首長之研習會的她而言，是一大挑戰，不過她仍然用心設計課程，順利完成議員及首長的研習會。

在擔任公務員訓練中心主任期間，她訝異地發現訓練中心的工友人數居然比職員還多，原來，這些都是在舊官僚體制下進入訓練中心。她認為這些工友人力既然受領市庫工資就應該要充分發揮，所以就努力地幫這些工友找事做。例如讓技工工友環境大清整及家具修補，園區水溝全面清理，天花板燈罩全部除塵改善照明，培育美化環境所需花苗，讓女工友將破床單裁縫成抹布，讓每間房都多了一條新抹布，既環保又善用人力資源，讓電工拆卸教室內監視器，改裝於圍牆，增加安全。

細心與貼心的她也發現到，當時的公務人員訓練中心女廁所一層樓只有四間，女性學員下課時都要排隊上洗手間，所以她就把男廁所隔一半，改成女廁所，讓女廁所變成十間，解決女性學員一直以來的困擾，頗受女性多的社福機構參訓學員的稱讚。此外，她還讓公衛的護士製作SOP（標準作業流程）整頓廚房及管理膳食料理，建立市政訓練學程和體系，提升公務人員工作品質並強化行政效率。訓練中心的職員跟她說，在她的領導下，一年做的工作量比以前十年總合做的還多。

除了行政工作之外，她也沒忘記中心工作人員的福利，提撥公基金，讓薪資低者年節分享。

以前教師節的慶祝活動，幾乎都是硬邦邦的開會訓話，行禮如儀，而她卻破天荒地在戶外舉辦謝師活動，讓飯店外燴進來花園，使曾參訓的府內公務員有機會展現自己的創意與才藝，與辛勤於教育工作的府內外教師同樂，促進公務員與教師間的柔性交流，而此舉也意外引發當時前來參加活動的市政府高層點子，延伸她的創意來舉辦戶外團體結婚活動，直到現在，每年台北市民政局舉辦的台北市聯合婚禮，都吸引不少新人參加，成為市民服務的佳政。

就這樣，在她任內的四年期間，顛覆了幾十年國民黨執政的傳統公務員訓練，讓有潛力的公務員發現他們自己的創造力並加以發揮，啟動了另類思考的模式。也因為她確立了公務員訓練中心此一良好市政基礎建設，大幅提升公務員之基本素質，使台北市政的公共服務品質，無論在廉潔度、行政效率或方便市民方面，均有長足的進步。

劉初枝擔任考選部部長。右為法務部部長陳定南。

不畏傳統包袱，勇於提出改革

她第二次進入公職服務，是二〇〇〇年被借調擔任考選部部長。陳水扁上任總統後，有鑑於她過去在台北市公務人員訓練中心之優秀表現，再次將她從輔大借調公職，任命她為考選部部長。於是她再次銜命赴任，致力改善國家考試體制。台灣採行行政、立法、司法、考試、監察之五權憲法，國家考試制度肩負五權之一的大任，透過公開透明之考試制度選出支撐及維護國家行政體系運作之優秀人才，其重要性不言可喻。

她被任命為考選部長後，仍本著一貫耿直作風，致力於追求合理、公開、透明之考試制度，並努力改善試務品質及效率，例如建立障礙人員放大試卡直接電腦閱卷，開啟國家考試網路報名，首創航海人員國家考試一年多次全程電腦測驗。

沒有任何政黨人情包袱的她，秉持著是去做事不是去做官的心態，受命擔任考選部部長。

在她任內期間發生常務次長屆齡退休而出缺的情形，為了遴選優秀人才，「體制外」出身的她又再次打破傳統慣例，鄙棄舊習由執政黨的黨務系統決定人選或由部長以一己之見自行挑人擔任常務次長，改而公開招募，凡曾任主管的十二職等公務員即符合任官資格，有興趣擔任常次職務的優秀常任文官人人皆有機會。

此舉雖為傳統「肥水不落外人田」思想的考試院考試委員在院會上所抨擊，但她不為所動，成立特別評選委員會，成員五人，除部長及政務次長外，尚包含公共行政、人力資源及臨床心理專家各一，落實公開、公平的考選制度。

果然一公開招募後，立即有中央各部門二十餘人報名。經層層關卡的三道篩選程序，第一道由人事官作形式資格的篩選，第二道由評選委員會依工作分析，職務認知、表達能力選出五位候選人，第三道由評選委員會依情境與情緒處理、語文能力等評分，最後提出兩位候選人供部長圈選一人。因她深信好的公務人員不能只偏重能力之評鑑，審查其是否具備良好品德更為重要，若品德相當，尚須由人力資源管道去探訪曾與該兩位候選人共事的同事、上司和下屬，作三百六十度的評鑑，多方了解兩位候選人的人品。以人資的探訪結果，她與政務次長討論後，最後圈選了其中一位候選人來擔任常務次長的重責大任。

孰料落選的另位高級公務員居然心有不甘，甚至在事後散發黑函，讓她驚愕之餘，更深感用人首重品德的重要性。她認為不論做人或做事，誠實、正直是第一個起碼要求，非常重要，處理事物，肯學就會，一個人不論其能力多高，如果心不正，就稱不上是適格的人才。

二次任職公職的經驗，讓學者出身的她見識到傳統官僚體制下的沈痾，但也正因為她不畏傳統包袱勇於提出改革的個性，使公務體系效率與風氣有所改善，以前留學國外期間的她，只能寫信建言政府改進，但學成歸國後的她，終於有機會從根本大學教育、從基礎公務員訓練、從遴選人才之國家考試制度親自對國家奉獻一己之力。二〇〇四年五月退職，歸建輔大。

退休後，她仍然關心國家大小事，憂心著台灣在國際上的艱難處境，奔波國內外，參與非政府國際性組織活動，只為了盡到身為一名知識分子對國家社會的責任。

【本文作者】**張家瑜**

北一女中畢，台灣大學法律系學士，日本一橋大學法學研究科碩士。常在法律事務所律師。國際婦女法學會中華民國分會編輯委員。

國家圖書館預行編目資料

她們，如此精采：8位女性法律人的生命之河
／國際婦女學會中華民國分會策劃. --初版. --
臺北市：寶瓶文化, 2010. 10
面；　公分. --(vision；90)
ISBN 978-986-6249-28-0（平裝）

1. 女性傳記 2. 台灣傳記 3. 法官 4. 律師
783. 322　　99019392

vision 090

她們，如此精采——8位女性法律人的生命之河

策劃／國際婦女法學會中華民國分會

發行人／張寶琴
社長兼總編輯／朱亞君
主編／張純玲・簡伊玲
編輯／施怡年
美術主編／林慧雯
校對／張純玲・陳佩伶・黃素芬・國際婦女法學會中華民國分會
企劃副理／蘇靜玲
業務經理／盧金城
財務主任／歐素琪　業務助理／林裕翔
出版者／寶瓶文化事業有限公司
地址／台北市110信義區基隆路一段180號8樓
電話／(02)27494988　傳真／(02)27495072
郵政劃撥／19446403　寶瓶文化事業有限公司
印刷廠／世和印製企業有限公司
總經銷／大和書報圖書股份有限公司　電話／(02)89902588
地址／台北縣五股工業區五工五路2號　傳真／(02)22997900
E-mail／aquarius@udngroup.com
版權所有・翻印必究
法律顧問／理律法律事務所陳長文律師、蔣大中律師
如有破損或裝訂錯誤，請寄回本公司更換
著作完成日期／二〇一〇年八月
初版一刷一次日期／二〇一〇年十月十八日

ISBN／978-986-6249-28-0
定價／三〇〇元

Copyright©2010 by FIDA ROC
Published by Aquarius Publishing Co., Ltd.
All Rights Reserved
Printed in Taiwan.

AQUARIUS 寶瓶 文化事業

愛書人卡

感謝您熱心的為我們填寫，
對您的意見，我們會認真的加以參考，
希望寶瓶文化推出的每一本書，都能得到您的肯定與永遠的支持。

系列：vision 090　書名：她們，如此精采——8位女性法律人的生命之河

1. 姓名：＿＿＿＿＿＿＿＿＿　性別：□男　□女
2. 生日：＿＿＿年＿＿＿月＿＿＿日
3. 教育程度：□大學以上　□大學　□專科　□高中、高職　□高中職以下
4. 職業：＿＿＿＿＿＿＿＿
5. 聯絡地址：＿＿＿＿＿＿＿＿＿＿＿＿＿＿＿＿＿＿＿＿＿＿＿＿＿＿

   聯絡電話：＿＿＿＿＿＿＿＿＿　手機：＿＿＿＿＿＿＿＿＿
6. E-mail信箱：＿＿＿＿＿＿＿＿＿＿＿＿＿＿＿＿＿＿＿

   □同意　□不同意　免費獲得寶瓶文化叢書訊息
7. 購買日期：＿＿＿ 年 ＿＿＿ 月 ＿＿＿日
8. 您得知本書的管道：□報紙／雜誌　□電視／電台　□親友介紹　□逛書店　□網路

   □傳單／海報　□廣告　□其他
9. 您在哪裡買到本書：□書店，店名＿＿＿＿＿＿　□劃撥　□現場活動　□贈書

   □網路購書，網站名稱：＿＿＿＿＿＿＿　□其他＿＿＿＿＿＿
10. 對本書的建議：（請填代號　1.滿意　2.尚可　3.再改進，請提供意見）

    內容：＿＿＿＿＿＿＿＿＿＿＿＿＿＿

    封面：＿＿＿＿＿＿＿＿＿＿＿＿＿＿

    編排：＿＿＿＿＿＿＿＿＿＿＿＿＿＿

    其他：＿＿＿＿＿＿＿＿＿＿＿＿＿＿

    綜合意見：＿＿＿＿＿＿＿＿＿＿＿＿＿＿＿＿＿＿＿＿＿＿＿＿＿＿＿＿＿＿＿
11. 希望我們未來出版哪一類的書籍：＿＿＿＿＿＿＿＿＿＿＿＿＿＿＿＿＿＿＿

讓文字與書寫的聲音大鳴大放

寶瓶文化事業有限公司

（請沿此虛線剪下）

廣　告　回　函
北區郵政管理局登記
證北台字15345號
免貼郵票

寶瓶文化事業有限公司　收

110台北市信義區基隆路一段180號8樓

8F,180 KEELUNG RD.,SEC.1,

TAIPEI.(110)TAIWAN R.O.C.

（請沿虛線對折後寄回，謝謝）